浙江省银行卡产业发展研究（2021）

STUDY ON THE DEVELOPMENT OF BANK
CARD INDUSTRY IN ZHEJIANG PROVINCE

中国银联浙江分公司　编著

上海交通大学出版社
SHANGHAI JIAO TONG UNIVERSITY PRESS

内容提要

本书全面梳理了2020年浙江省银行卡产业发展动态，着重介绍了浙江省银行卡产业创新举措和取得的成就，并在研究基础上提出银行卡产业发展趋势。本书由环境篇、实务篇、展望篇构成。环境篇主要分析了我国宏观经济金融环境和浙江省经济金融以及支付行业出现的新情况和变化趋势。实务篇主要阐述浙江省银行卡产业发展基本状况、重要举措、主要创新。展望篇主要从移动支付发展趋势、银行卡产业数字化转型、大数据赋能银行卡产业、银行卡中后台数字化建设等角度探讨了银行卡产业未来发展趋势。

图书在版编目（CIP）数据

浙江省银行卡产业发展研究. 2021 / 中国银联浙江
分公司编著. —上海：上海交通大学出版社,2021.10
ISBN 978-7-313-25508-2

Ⅰ.①浙…　Ⅱ.①中…　Ⅲ.①银行卡—银行业务—研
究报告—浙江—2021　Ⅳ.①F832.24

中国版本图书馆CIP数据核字（2021）第198885号

浙江省银行卡产业发展研究（2021）
ZHEJIANGSHENG YINHANGKA CHANYE FAZHAN YANJIU (2021)

编　　著：中国银联浙江分公司
出版发行：上海交通大学出版社　　　　　　　地　　址：上海市番禺路951号
邮政编码：200030　　　　　　　　　　　　电　　话：021-64071208
印　　制：上海天地海设计印刷有限公司　　　经　　销：全国新华书店
开　　本：787mm×1092mm　1/16　　　　　印　　张：9
字　　数：173千字
版　　次：2021年10月第1版　　　　　　　　印　　次：2021年10月第1次印刷
书　　号：ISBN 978-7-313-25508-2
定　　价：69.00元

编 委 会

编辑指导委员会主任

杨长岩

编辑指导委员会执行主任

关　欣　　陈东海

编辑指导委员会委员

范　杭　　杨　芳　　郭延斌

主编

郑旭军

学术指导

金晓斌　　林庆堂　　张　莹

审稿

陆萍萍　　马　杉

撰稿（排名不分先后）

陈　慧　　姚　可　　范梦雨　　孙云翔　　徐小平　　李　晶

龚卫华　　王云峰　　陆海刚　　徐剑飞　　盛茗珉　　徐　良

刘耀杰　　童丽文　　王横波　　李天浩　　金　腾　　葛盼科

关　群　　张　俊　　王娟娟　　韩光明　　杨　琛　　郭弘捷

袁丽霞　华思怡　刘金泽　赵泽宇　吴　挺　金　昕
余歆祺　纪兴中　陈骏宇　马樱银　金戈愉　徐　冲

支持

中国人民银行杭州中心支行

浙江金融杂志社

中国工商银行浙江省分行

兴业银行杭州分行

杭州银行

序
preface

　　极不平凡的 2020 年虽已远去，留下的记忆却刻骨铭心。年初爆发的新冠肺炎疫情越演越烈，全球蔓延，不仅给全球经济按下了暂停键，更是严重威胁着我们每一个人的生命安全，感染和死亡人数与日俱增，经济倒行日益加剧。面对严峻的新冠肺炎疫情冲击，面对全球经济负增长的复杂局面，以习近平同志为核心的党中央保持定力，精心部署，果断行动，攻坚克难，开拓进取，不仅有效阻止了经济下滑，而且 2020 年国内生产总值突破 100 万亿元大关，全年经济恢复实现 2.3% 的小幅增长，成为全球唯一实现正增长的主要经济体，给全国人民交出了一份世界瞩目、载入史册的满意答卷。

　　2020 年，面对新冠肺炎疫情的重大考验和挑战，人民银行杭州中心支行坚持以习近平新时代中国特色社会主义思想为指引，坚决贯彻落实人民银行总行和浙江省委省政府的决策部署，迎难而上，主动作为，一方面继续实施稳健的货币政策，全力支持稳企业、保就业，持续打好防范化解重大金融风险攻坚战，另一方面进一步深化区域金融改革，强化金融基础设施建设，提高金融服务效率，有力保障经济金融稳定运行和持续恢复。

　　2020 年，对浙江省支付产业来说，在全球防控新冠肺炎疫情的大背景下，一手抓疫情防控，积极配合政府和社会各界创新数字化支付方式，助力社会生产、生活恢复和稳定；一手抓业务发展，把握新形势下生产和消费模式变化，练内功、提能力、促转型，努力提升支付产业对社会经济发展的支撑作用。同时，进一步推动移动支付在浙江各个地区、各个领域、各种场景的普及应用；积极推动移动支付助力疫情防控和复工复产；努力提升用户对数字经济和移动支付的获得感和幸福感；大力拓展移动支付在县域以下民生领域的环境建设和场景应用；加大移动支付的科技创新力度；持续加强支付业务风险防控，移动支付的主渠道作用进一步彰显，在浙江省数字经济发展中发挥重要作用。

2020 年是浙江移动支付之省建设的提升年。全省人民银行分支行、各银行机构、支付机构和银联浙江分公司深入实施《浙江移动支付之省建设工作方案（2019-2022年）》，不断推动移动支付向纵深发展，至 2020 年底，全省移动支付活跃用户数 4386.78 万户，普及率达 75%；全年共发生移动支付业务笔数 554.58 亿笔、金额 67.83 万亿元，同比分别增长 22.02% 和 31.74%，基本实现民生领域全覆盖，营造安全、开放、有序的移动支付市场环境，切实提高老百姓数字生活的便利性和普及性，为全省数字经济发展提供有力支撑。

若非一番寒彻骨，哪得梅花扑鼻香。2020 年，我们经历了寒彻骨的艰难，2020 年我们也收获了扑鼻香的成绩。新的征途已经开启，新的形势需要我们以更加积极的态度、更加开放的姿态、更加务实的创新，开创银行卡产业发展新篇章，铸就移动支付在数字经济时代的历史地位。《浙江省银行卡产业发展研究（2021）》是一个很好的平台，通过这个平台我们可以总结经验和不足，加强问题研究，探索浙江省支付产业的未来发展道路，不忘初心，知行合一，努力推动浙江省银行卡产业持续高质量发展。

2021 年 7 月

目　录

环境篇

实务篇

展望篇

ENVIRONMENT

环境篇

第一章 疫情背景下宏观经济形势分析

2020 年，面对新冠肺炎疫情的严重冲击和国内外各种风险挑战，我国在以习近平同志为核心的党中央坚强领导下，努力构建"以国内大循环为主体、国内国际双循环相互促进"的新发展格局，统筹推进疫情防控和经济社会发展，取得了新冠疫情阻击战和经济保卫战的双重胜利，各项经济指标呈现"V"型修复态势，全年国内生产总值实现正增长，消费和投资加快回升，外贸发展超出预期，就业和物价基本保持稳定，货币总量适度，流动性合理，经济发展稳中向好，"十三五"规划圆满收官。

第一节　宏观经济运行特点[1]

2020 年，面对严峻复杂的国际形势、艰巨繁重的国内改革发展稳定任务特别是新冠肺炎疫情的严重冲击，中国政府迅速加大宏观政策应对力度，稳健的货币政策和积极的财政政策相互配合，全力做好"六稳""六保"工作。我国成为 2020 年全球唯一实现经济正增长的主要经济体。

一、经济持续稳定恢复，总量迈上新台阶

2020 年，我国国内生产总值（GDP）1 015 968 亿元，迈上百万亿元新台阶，历史上首次突破 100 万亿，20 年内，我国经济总量规模扩大至 10 倍，成就举世瞩目。按不变价格计算，2020 年我国国内生产总值比上年增长 2.3%，人均国内生产总值 72 447 元，比上年增长 2%，是世界 1 万亿美元以上主要经济体中唯一实现正增长的国家。全年最终消费支出拉动国内生产总值下降 0.5 个百分点，资本形成总额拉动国内生产总值增长 2.2 个百分点，货物和服务净出口拉动国内生产总值增长 0.7 个百分点。

按照年平均汇率折算，2020 年我国国内生产总值达到 14.7 万亿美元左右，稳居世界第二，占世界经济的比重达到 17% 左右。2020 年，人均国内生产总值连续两年超过 1 万美元，稳居中等偏上收入国家行列，与高收入国家发展的差距继续缩小。

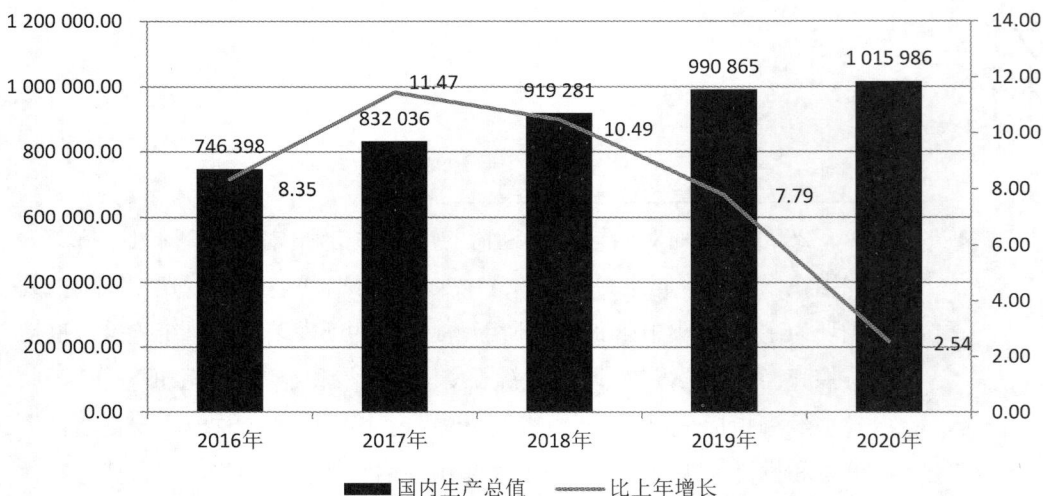

图 1-1　2016—2020 年国内生产总值及增长速度（单位：亿元；%）

1　本小节数据来源：中华人民共和国统计局官网。

2020年，第一产业增加值77 754亿元，增长3.0%；第二产业增加值384 255亿元，增长2.6%；第三产业增加值553 977亿元，增长2.1%。第一产业增加值占国内生产总值比重为7.7%，第二产业增加值比重为37.8%，第三产业增加值比重为54.5%。分季度看，一至四季度GDP增速分别为-6.8%、3.2%、4.9%和6.5%，经济显现出持续恢复的势头，展现出我国经济发展强大的韧性。

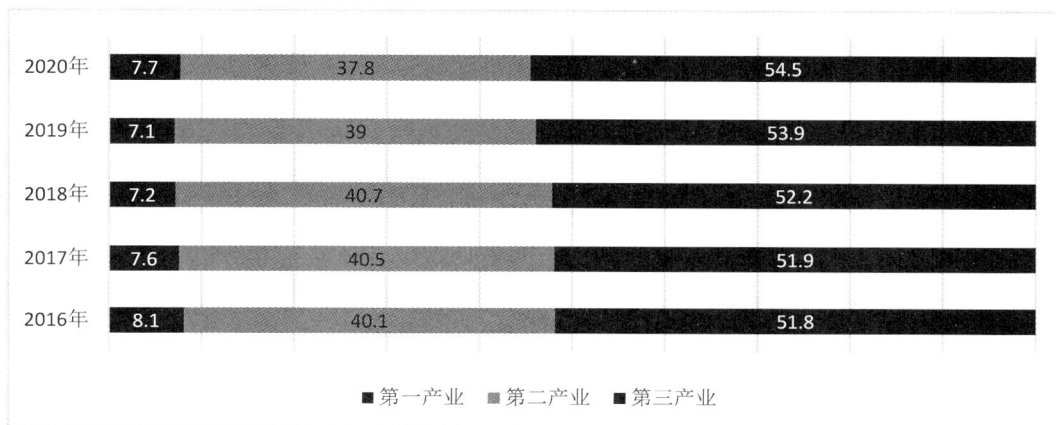

图1-2　2016—2020年三大产业增加值占国内生产总值比重（单位：%）

二、工业企业效益稳步提升，新经济不断发展壮大

2020年，规模以上工业企业实现利润64 516.1亿元，比上年增长4.1%。分季度看，随着"六稳""六保"任务不断落实，企业复工复产稳步推进，利润呈现"由负转正、逐季加快"的走势，一至四季度利润同比分别增长-36.6%，4.8%，15.9%和20.8%。分行业看，2020年，在41个工业大类行业中，有26个行业利润比上年有所增长。分门类看，2020年，制造业利润比上年增长7.6%，增速比前三季度加快6.5个百分点；采矿业利润下降31.5%，降幅比前三季度收窄5.7个百分点；电力、热力、燃气及水生产和供应业利润增长4.9%，增速加快2.3个百分点。2020年，规模以上国有控股工业企业利润比上年下降2.9%，但降幅较前三季度大幅收窄11.4个百分点；私营企业全年利润比上年增长3.1%，前三季度为下降0.5%；外商及港澳台商投资企业利润增长7.0%，增速比前三季度加快4.4个百分点。

疫情催生了新产业、新业态和新型商业模式，2020年，规模以上工业增加值比上年增长2.8%，高技术制造业和装备制造业增加值分别比上年增长7.1%、6.6%，增速分别比规模以上工业快 4.3、3.8 个百分点，占规模以上工业增加值的比重分别为 15.1% 和 33.7%。从产品产量看，工业机器人、新能源汽车、集成电路、微型计算机设备同比分别增长 19.1%、17.3%、16.2%、12.7%。第三产业增加值占国内生产总值的比重为 54.5%，比上年提高 0.2 个百分点，其中，以新技术为引领的现代服务业领域增势较好，2020 年，信息传输、软件和信息技术服务业，金融业增加值比上年分别增长 16.9% 和 7.0%，高技术服务业投资保持较快增长，比上年增长 9.1%，增速高出全部服务业投资 5.5 个百分点。全年网上零售额 117 601 亿元，按可比口径计算，比上年增长 10.9%。全年新登记市场主体 2 502 万户，日均新登记企业 2.2 万户，年末市场主体总数达 1.4 亿户。

三、居民消费价格基本平稳，消费市场持续复苏

2020 年，居民消费价格指数（CPI）上涨 2.5%，涨幅比上年回落 0.4 个百分点。食品价格涨幅较大，上涨 10.6%，涨幅比上年扩大 1.4 个百分点，影响 CPI 上涨约 2.20 个百分点，是推动 CPI 上涨的主要因素；非食品价格上涨 0.4%，涨幅比上年回落 1.0 个百分点，影响 CPI 上涨约 0.28 个百分点。分月度看，CPI 月度同比总体呈前高后低走势。

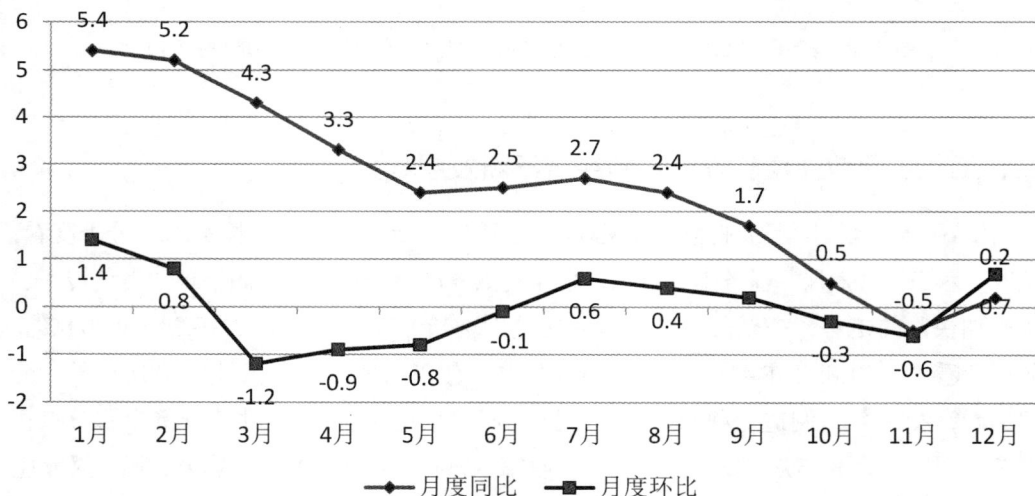

图 1-3 2020 年居民消费价格月度涨跌幅度（单位：%）

2020 年全国居民人均消费支出 21 210 元，比上年下降 1.6%；扣除价格因素，实际下降 4.0%。居民消费支出降幅逐季收窄，呈现持续恢复态势，全年人均消费支出名义降幅比前三季度收窄 1.9 个百分点，比上半年收窄 4.3 个百分点，比一季度收窄 6.6

个百分点。按常住地分，城镇居民人均消费支出 27 007 元，下降 3.8%，扣除价格因素，实际下降 6.0%；农村居民人均消费支出 13 713 元，增长 2.9%，扣除价格因素，实际下降 0.1%。全国居民恩格尔系数为 30.2%，其中城镇为 29.2%，农村为 32.7%。在常态化疫情防控条件下，全国居民人均购买医用酒精、口罩等医疗卫生器具支出增长 2.0 倍，人均购买健身器材支出增长 5.2%，人均购买消毒碗柜支出增长 29.1%，全国居民人均通信服务支出增长 6.2%。

四、就业形势总体改善，城乡区域收入差距收窄

2020 年，我国经受住了疫情的严峻考验，就业形势在巨大压力下逐步回稳向好，全国年均城镇调查失业率为 5.6%，低于 6% 左右的预期目标；全年城镇新增就业人数为 1 186 万人，比 900 万人的预期目标多 286 万人；年末城镇登记失业率为 4.24%，低于 5.5% 左右的预期目标。分月看，2 月份全国城镇调查失业率升至 6.2% 的年内高点，比 1 月份和 2019 年同期均高 0.9 个百分点，随着疫情的有效控制和各项稳就业工作的扎实推进，社会生产生活秩序逐步恢复，6 月份城镇调查失业率降至 5.7，同比上升幅度收窄至 0.6 个百分点，12 月份失业率降至 5.2%，与 2019 年同期持平。

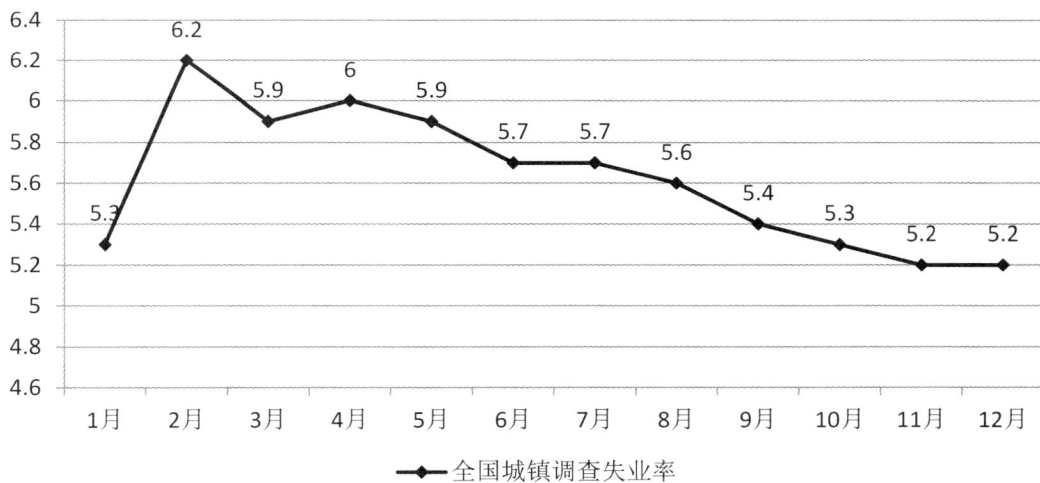

图 1-4 2020 年全国城镇调查失业率（单位：%）

2020 年，全国居民人均可支配收入 32 189 元，比上年名义增长 4.7%，扣除价格因素，实际增长 2.1%，实现了与经济增长的基本同步。保就业政策促进工资收入的回升，全国居民人均工资性收入比上年增长 4.3%，高于整个居民收入 2.1%。城乡区域收入差距有所改善，2020 年城镇居民人均可支配收入 43 834 元，扣除价格因素，实际增长 1.2%；

农村居民人均可支配收入 17 131 元，实际增长 3.8%，城乡居民人均可支配收入比值为 2.56，比上年缩小 0.08。按全国居民五等份收入分组，低收入组人均可支配收入 7 869 元，中间偏下收入组人均可支配收入 16 443 元，中间收入组人均可支配收入 262 49 元，中间偏上收入组人均可支配收入 41 172 元，高收入组人均可支配收入 80 294 元。全国农民工人均月收入 4 072 元，比上年增长 2.8%。

五、脱贫攻坚取得重大胜利，社会保障体系不断完善

我国现行标准下农村贫困人口全部脱贫，832 个贫困县全部摘帽，5 575 万农村贫困人口实现脱贫，绝对贫困现象历史性消除。全年贫困地区农村居民人均可支配收入 12 588 元，比上年增长 8.8%，扣除价格因素，实际增长 5.6%，其中贫困人口较多的广西、四川、贵州、云南、甘肃、宁夏、新疆七个省（区）农村居民人均可支配收入名义增速均高于全国农村居民增速 0.2~1.7 个百分点。第一批脱贫攻坚普查结果显示，1 385 万建档立卡贫困户全部实现了"两不愁三保障"，即不愁吃不愁穿，义务教育、基本医疗、住房安全有保障，饮水安全也得到保障。

2020 年年末全国参加城镇职工基本养老保险、城乡居民基本养老保险、基本医疗保险、失业保险人数分别比上年末增加 2 150 万人、978 万人、693 万人和 1147 万人。全国基本养老保险参保人数近 10 亿人，基本医疗保险参保率稳定在 95% 以上。社会帮扶持续加力。全年临时救助 1 341 万人次，资助 8 990 万人参加基本医疗保险，实施直接救助 7 300 万人次，救助人次数均比上年明显增加。

2020 年末全国共有 805 万人享受城市最低生活保障，3621 万人享受农村最低生活保障，447 万人享受农村特困人员救助供养，全年国家抚恤、补助退役军人和其他优抚对象 837 万人。2020 年末全国共有各类提供住宿的社会服务机构 4.1 万个，其中养老机构 3.8 万个，儿童服务机构 735 个。社会服务床位 850.9 万张，其中养老服务床位 823.8 万张，儿童服务床位 9.8 万张。2020 年末共有社区服务中心 2.9 万个，社区服务站 39.3 万个。

六、高技术产业投资上升，进出口贸易逆势增长

我国科技创新日趋活跃，研发投入总量达到世界第二，已成为世界最大的国际专利申请国。2020 年，科技型中小企业、高新技术企业突破 20 万家，高技术产业投资增长 10.6%，快于全部投资 7.7 个百分点，其中高技术制造业和高技术服务业投资分别增长 11.5% 和 9.1%。高技术制造业中，医药制造业、计算机及办公设备制造业投资分别增长 28.4%、22.4%；高技术服务业中，电子商务服务业、信息服务业投资分别增长 20.2%、15.2%。

在全球贸易和跨境投资大幅萎缩的情况下，2020 年我国外贸规模再创历史新高，货物进出口总额 32.16 万亿元，比上年增长 1.9%。其中，出口 17.93 万亿元，增长 4.0%；进口 14.22 万亿元，下降 0.7%，贸易顺差 3.7 万亿元，比上年增长 27.4%。机电产品出口增长 6%，占出口总额的 59.4%，比上年提高 1.1 个百分点。一般贸易进出口占进出口总额的比重为 59.9%，比上年提高 0.9 个百分点。民营企业进出口增长 11.1%，占进出口总额的比重为 46.6%，比上年提高 3.9 个百分点。

第二节 宏观金融运行特点[1]

2020 年，在以习近平同志为核心的党中央坚强领导下，面对新冠疫情，迎难而上，主动作为，加大宏观政策应对力度。稳健的货币政策灵活适度、精准导向，坚持以总量政策适度、融资成本明显下降、支持实体经济三大确定性方向，应对高度不确定的形势，灵活把握货币政策调控的力度、节奏和重点，做好"六稳"工作、落实"六保"任务，为确保完成决胜全面建成小康社会营造了适宜的金融环境。

一、货币供应量合理增长，宏观杠杆率逐季回落

2020 年末，全国广义货币 (M_2) 余额 218.68 万亿元，同比增长 10.1%，增速比上月末低 0.6 个百分点，比上年同期高 1.4 个百分点；狭义货币 (M_1) 余额 62.56 万亿元，同比增长 8.6%，增速比上月末低 1.4 个百分点，比上年同期高 4.2 个百分点；流通中货币 (M0) 余额 8.43 万亿元，同比增长 9.2%。全年净投放现金 7 125 亿元，同比多投放 3 144 亿元。

在疫情冲击下，2020 年我国宏观杠杆率有了较大攀升。从 2019 年末的 246.5% 攀升至 2020 年末的 270.1%，四个季度的增幅分别为 13.9、7.2、3.6 和 -1.1 个百分点。杠杆率增幅逐季回落，四季度已呈现去杠杆。2020 年我国宏观杠杆率增幅为 23.6 个百分点，不但低于 2009 年 31.8 个百分点的增幅，也低于发达经济体 2020 年前三季度 30.7 个百分点的增幅。

二、社会融资规模总量扩张，市场利率水平总体走低

2020 年社会融资规模增量 34.9 万亿元，按可比口径计算，比上年多 9.2 万亿元；年末社会融资规模存量 284.8 万亿元，按可比口径计算，比上年末增长 13.3%，其中，对实体经济发放的人民币贷款余额为 171.6 万亿元，同比增长 13.2%；委托贷款余额为 11.06 万亿元，同比下降 3.4%；信托贷款余额为 6.34 万亿元，同比下降 14.8%；未贴

1　本小节数据来源：中国人民银行官网。

现的银行承兑汇票余额为 3.51 万亿元，同比增长 5.3%；企业债券余额为 27.62 万亿元，同比增长 17.2%；政府债券余额为 46.06 万亿元，同比增长 22.1%；非金融企业境内股票余额为 8.25 万亿元，同比增长 12.1%。

2020 年，贷款利率保持低位运行，12 月份，1 年期 LPR 较上年同期下降 0.3 个百分点至 3.85%，5 年期以上 LPR 下降 0.15 个百分点至 4.65%；贷款加权平均利率为 5.03%，同比下降 0.41 个百分点，创有统计以来新低。其中，一般贷款加权平均利率为 5.30%，同比下降 0.44 个百分点。企业贷款加权平均利率为 4.61%，同比下降 0.51 个百分点，超过同期 LPR 降幅，连续两个月创有统计以来新低。12 月份同业拆借加权平均利率为 1.3%，比上年同期低 0.79 个百分点；质押式回购加权平均利率为 1.36%，比上年同期低 0.74 个百分点；债券市场长短期收益率相对平稳，全年新发行国债、地方债、公司信用类债券利率较 2019 年低 0.47 个百分点。

三、人民币存贷款多增较多，信贷结构不断优化

2020 年末，全部金融机构本外币各项贷款余额 178.4 万亿元，同比增长 12.5%，比年初增加 19.8 万亿元，同比多增 3.0 万亿元。人民币贷款余额为 172.7 万亿元，同比增长 12.8%，比年初增加 19.6 万亿元，同比多增 2.8 万亿元。2020 年末，金融机构本外币存款余额 218.37 万亿元，同比增长 10.2%，人民币存款余额 212.57 万亿元，同比增长 10.2%，增速比上年同期高 1.5 个百分点。全年人民币存款增加 19.65 万亿元，同比多增 4.28 万亿元。

制造业中长期贷款和小微企业贷款较快增长，2020 年末，企（事）业单位贷款比年初增加 12.2 万亿元，同比多增 2.7 万亿元；制造业中长期贷款增速为 35.2%，增速连续 14 个月上升；普惠小微贷款余额 15.1 万亿元，同比增长 30.3%，较 2019 年末提高 7.2 个百分点；支持小微经营主体 3 228 万户，同比增长 19.4%。2020 年，普惠小微贷款增加 3.5 万亿元，同比多增 1.4 万亿元。

四、人民币汇率震荡升值，跨境人民币业务保持增长

2020 年末，中国外汇交易中心（CFETS）人民币汇率指数报 94.84，较上年末升值 3.78%；参考特别提款权（SDR）货币篮子的人民币汇率指数报 94.23，较上年末升值 2.64%。12 月末，人民币对美元交易中间价为 6.5249 元／美元，比上年末升值 6.92%；人民币对美元交易即期价为 6.5398 元／美元，比上年末升值 6.52%。全年银行间即期外汇市场 243 个交易日中，人民币对美元交易中间价有 140 个交易日升值，103 个交易日贬值；日均波幅约为 125 个基点，比上年扩大 45 个基点。

2020 年，跨境人民币收付金额合计 28.4 万亿元，同比增长 44%，其中实收 14.1

万亿元，实付 14.3 万亿元；经常项目跨境人民币收付金额合计 6.8 万亿元，同比增长 13%，其中，货物贸易收付金额 4.8 万亿元，服务贸易及其他经常项目收付金额 2 万亿元；资本项目人民币收付金额合计 21.6 万亿元，同比增长 59%。

五、银行间市场交易活跃，债券交易量显著增长

2020 年，银行间市场债券回购累计成交 959.8 万亿元，日均成交 3.9 万亿元，同比增长 17.6%；同业拆借累计成交 147.1 万亿元，日均成交 5 909 亿元，同比减少 2.6%；银行间市场发行同业存单 2.9 万期，发行总量 19.0 万亿元，二级市场交易总量为 167.3 万亿元，年末同业存单余额为 11.2 万亿元；人民币利率互换市场达成交易 27.4 万笔，同比增长 15.3%；名义本金总额 19.6 万亿元，同比增长 7.8%；以 LPR 为标的的利率互换全年成交 1 718 笔，名义本金 2 665 亿元。2020 年 3 月 23 日银行间市场 LPR 利率期权业务正式上线，至 12 月末，LPR 利率期权共计成交 484 笔，金额 907.5 亿元。

2020 年，债券市场现券总成交额 253 万亿元，同比增长 16.5%；债券借贷交易额为 7.5 万亿元，同比增长 61.6%；债券市场共发行各类债券 56.9 万亿元，同比增长 26%，比上年增加 11.7 万亿元。其中政府债券增加 5 万亿元，金融债券增加 3.2 万亿元，公司信用类债券增加 3.5 万亿元。2020 年末，债券市场托管余额为 116.7 万亿元，同比增长 17.9%。

六、支付体系运行平稳，移动支付呈增长态势

2020 年，全国银行共办理非现金支付业务 3 547.21 亿笔，金额 4 013.01 万亿元，同比分别增长 7.16% 和 6.18%。人民银行支付系统共处理支付业务 196.68 亿笔，金额 6 016.91 万亿元，同比分别增长 9.16% 和 15.43%，分别占支付系统业务笔数和金额的 2.69% 和 73.42%。

移动支付业务量保持增长态势。2020 年，银行共处理电子支付业务 2 352.25 亿笔，金额 2 711.81 万亿元。其中，网上支付业务 879.31 亿笔，金额 2 174.54 万亿元，同比分别增长 12.46% 和 1.86%；移动支付业务 1 232.20 亿笔，金额 432.16 万亿元，同比分别增长 21.48% 和 24.50%；电话支付业务 2.34 亿笔，金额 12.73 万亿元，同比分别增长 33.06% 和 31.69%。

七、股票市场指数和筹资额上升，保险业资产增速提高

2020 年末，上证综合指数收于 3 473 点，比上年末上升 13.9%；深证成份指数收于 14 471 点，比上年末上升 38.7%。全年沪深交易所 A 股累计筹资 15 417 亿元，比上年增加 1 883 亿元；首次公开发行上市 A 股 394 只，筹资 4 742 亿元，比上年增加

2 252 亿元，其中科创板股票 145 只，筹资 2 226 亿元；全国中小企业股份转让系统挂牌公司 8 187 家，全年挂牌公司累计股票筹资 339 亿元。

保险业资产增速提高。2020 年末，保险业总资产 23.3 万亿元，同比增长 13.3%，增速比上年末高 1.1 个百分点。其中，银行存款同比增长 3%，投资类资产同比增长 19.2%。

第三节　浙江省经济发展特点 [1]

2020 年，面对国内外形势深刻复杂变化特别是突如其来的新冠肺炎疫情，在以习近平同志为核心的党中央坚强领导下，浙江坚持以习近平新时代中国特色社会主义思想为指导，全面贯彻党的十九大和十九届二中、三中、四中、五中全会精神，深入贯彻习近平同志视察浙江重要讲话精神，忠实践行"八八战略"，奋力打造"重要窗口"，坚持"两手硬、两战赢"，扎实做好"六稳"工作，全面落实"六保"任务，为发展聚力、为企业赋能、为小康增色、为治理提效，三大攻坚战取得决定性成就，经济社会发展取得新成绩。

一、经济增速稳步回升，数字经济拉动有力

2020 年浙江省生产总值为 64 613 亿元，按可比价格计算，比上年增长 3.6%。分产业看，第一产业增加值 2 169 亿元，增长 1.3%；第二产业增加值 26 413 亿元，增长 3.1%；第三产业增加值 36 031 亿元，增长 4.1%。全省主要经济指标 1—2 月出现大幅下滑，3 月开始全面回升，GDP 累计增速一季度、上半年、前三季度和全年分别为 -5.6%、0.5%、2.3% 和 3.6%，经济运行逐季稳步回升，主要经济指标完成情况好于预期。

2020 年，浙江省数字经济核心产业增加值比上年增长 13.0%，增速比 GDP 高 9.4 个百分点，占比为 10.9%，比上年提高 0.9 个百分点。规模以上工业中，人工智能、高技术、装备、高新技术、战略性新兴、节能环保等产业制造业增加值分别增长 16.6%、15.6%、10.8%、9.7%、10.2% 和 8.7%，增速均高于规模以上工业。其中，高新技术、装备和战略新兴产业增加值占比分别为 59.6%、44.2% 和 33.1%，对规模以上工业增长贡献率分别为 102.4%、79.9% 和 57.7%，分别拉动增长 5.5、4.3 和 3.1 个百分点。规模以上服务业营业收入增长 10.8%。其中，信息传输、软件和信息技术服务业，科学研究和技术服务业营业收入分别增长 16.3% 和 22.7%，增速均快于规模以上服务业。

1　本小节数据来源：浙江省统计局官网。

图 1-5　2016-2020 年浙江省生产总值及增长速度（单位：亿元；%）

二、供给侧改革继续深化，民营经济彰显活力

2020 年，浙江省规模以上工业企业平均产能利用率为 79.1%。规模以上工业中，高耗能行业增加值增长 3.8%，按可比价格计算占 33.2%，占比降低 0.6 个百分点。规模以上工业每百元营业收入中的成本为 82.86 元，比上年下降 0.71 元，资产负债率为 54.6%，下降 0.6 个百分点。规模以上服务业资产负债率为 55.6%。高新技术产业、生态环保城市更新和水利设施、交通投资分别增长 7.4%、2.0% 和 6.1%，工业技改投资增长 2.6%。

2020 年，浙江省规模以上工业民营企业增加值比上年增长 5.8%，增速高出规模以上工业 0.4 个百分点，增加值占比为 68.2%，比重提高 0.7 个百分点。规模以上服务业中的民营企业营业收入增长 11.8%，增速高出规模以上服务业 1.0 个百分点。民间投资占固定资产投资总额的 59.8%，增长 2.6%，拉动投资增长 1.6 个百分点。民营企业货物出口 2.07 万亿元，增长 12.3%，进口 4 947 亿元，增长 18.3%，分别占全省总额的 82.1% 和 57.3%，比重比上年提高 2.3 和 3.4 个百分点。新设企业中，民营企业 47.6 万家，比上年增长 1.4%，增速高于全部新设企业增速 0.4 个百分点，年末共有民营企业 260.4 万家，占企业总数的 92.3%。民营经济创造的税收占全省税收收入的 73.9%。

三、居民收入保持增长，就业社保总体稳定

2020 年，浙江省居民人均可支配收入 52 397 元，比上年名义增长 5.0%，扣除价格因素实际增长 2.6%，收入水平居全国 31 个省（区、市）第 3 位，省（区）第 1 位。

城镇居民人均可支配收入 62 699 元，名义增长 4.2%，实际增长 2.1%；农村居民人均可支配收入 31 930 元，名义增长 6.9%，实际增长 4.0%。城乡居民收入比首次降至 2 以内，2020 年城乡居民收入比为 1.96，比上年缩小 0.05，已连续 8 年呈缩小态势，自 1993 年以来首次降至 2 以内。脱贫攻坚取得显著成效，低收入农户全年人均可支配收入比上年增长 14.0%，人均可支配收入 8 000 元以下农户全面消除。

2020 年，浙江省城镇新增就业 111.8 万人，超额完成年度计划任务。年末城镇登记失业率为 2.79%，保持低位。城镇调查失业率各季保持在 4.3% ~ 4.9%，实现低于 5.0% 左右的预期目标。四季度为 4.3%，与上年持平，低于全国（10 ~ 12 月分别为 5.3%、5.2% 和 5.2%）约 1 个百分点，三、四季度环比分别下降 0.2 和 0.4 个百分点，就业形势总体上已恢复至疫情前水平。2020 年末基本养老保险参保人数达 4 355 万人，比上年增长 3.0%，参保率为 98.4%；基本医疗保险参保人数 5 557 万人，其中，城镇职工参保 2 579 万人，参保率为 99.8%。

四、财政收入增速回升，减税降负政策效应显现

2020 年，浙江省财政总收入为 12 421 亿元，比上年增长 1.2%；一般公共预算收入为 7 248 亿元，增长 2.8%。税收收入增长 6.1%，占一般公共预算收入的 86.4%，其中，增值税下降 2.4%、企业所得税增长 2.6%，个人所得税增长 13.5%。非税收入下降 14.2%。

"减税降费"政策有成效，企业盈利水平明显提升，2020 年，浙江省规模以上工业企业利润总额 5 545 亿元，比上年增长 14.7%。规模以上工业企业营业收入利润率为 7.1%，比上年提升 0.8 个百分点。企业成本持续下降，规模以上工业企业每百元营业收入中的成本为 82.86 元，比一季度、上半年和前三季度分别下降 1.04 元、0.34 元和 0.05 元，比上年下降 0.71 元。

五、投资、出口动力十足，消费市场逐步复苏

2020 年，浙江省固定资产投资比上年增长 5.4%，增速比一季度（-5.2%）、上半年（3.8%）和前三季度（4.3%）明显回升。其中，第二、三产业投资分别增长 6.7% 和 5.0%，拉动总投资增速 1.3 和 3.9 个百分点。项目投资增长 4.4%，其中，工业投资增长 6.7%，基础设施投资增长 5.3%，分别拉动总投资增速 2.5、1.3 和 1.3 个百分点。高新技术产业、生态环保城市更新和水利设施、交通投资分别增长 7.4%、2.0% 和 6.1%。房地产开发投资增长 6.8%。

2020 年，浙江省进出口、出口、进口额分别为 33 808 亿元、25 180 亿元和 8 628 亿元，比上年增长 9.6%、9.1% 和 11.2%，增速分别比上年提高 1.5、0.1 和 5.4 个百分点。进出口、

进口增速居全国主要外贸省市首位，出口增速居第 2 位。进出口、出口、进口分别占全国的 10.5%、14.0% 和 6.1%，份额比上年提升 0.7、0.6 和 0.7 个百分点，进出口份额首次突破 10%，出口和进口份额也均创历史新高；分别拉动全国进出口、出口和进口增长 0.9、1.2 和 0.6 个百分点，对全国进出口、出口的增长贡献率居各省（区、市）首位。

2020 年，浙江省社会消费品零售总额 26 630 亿元，比上年下降 2.6%，降幅比一季度（-14.7%）、上半年（-6.3%）和前三季度（-4.9%）明显收窄。限额以上单位 18 个商品大类中，粮油食品（9.2%）、饮料（8.1%）、日用品（4.8%）零售额保持平稳增长，体育娱乐用品（30.9%）、烟酒（15.5%）、化妆品（13.1%）和文化办公用品类（12.6%）零售额较快增长。在汽车零售额下降 8.5% 的情况下，新能源汽车逆势增长 23.9%，上拉限额以上单位商品零售额增速 0.3 个百分点。

六、生态环境持续改善，"千万工程"深入推进

2020 年，浙江省预计万元 GDP 能耗降至 0.37 吨标准煤。随着工业经济运行向好态势持续巩固，规模以上工业能耗总量降幅持续缩小，浙石化项目单列扣除后，规模以上工业能耗比上年下降 0.1%，单位增加值能耗下降 4.3%。县级以上城市集中式饮用水水源地水质达标率为 100%（按个数计算），比上年上升 3.3 个百分点，11 个设区市日空气质量优良天数比例平均为 93.3%，PM2.5 平均浓度（25g/m^3）比上年下降 19.4%。

设区市农村生活垃圾分类处理行政村覆盖率 85%，回收利用率 45% 以上，资源化利用率达 90% 以上，无害化处理率达 100%；农村生活污水处理设施行政村覆盖率 92.5%。创建美丽乡村示范县 45 个、美丽乡村示范乡镇 500 个、特色精品村 1 500 个；新时代美丽乡村达标村 11 290 个；累计建成善治（示范）村 6 036 个。统筹推进路、水、电、网、气、能等基础设施城乡互联互通、共建共享，新改建和改造提升农村公路 1.3 万公里，实现建制村客车"村村通"；农饮水累计完成提标人口 1 054 万人，达标人口覆盖率 95% 以上、水质达标率 90% 以上、城乡规模化供水率 85% 以上。

七、消费价格涨幅回落，生产价格低位回升

2020 年，居民消费价格比上年上涨 2.3%，涨幅比上年（2.9%）回落 0.6 个百分点。8 大类消费品和服务价格"6 涨 2 跌"。其中，食品烟酒、其他用品和服务、教育文化和娱乐、生活用品及服务、医疗保健、衣着价格分别上涨 7.4%、4.2%、1.8%、1.6%、1.5% 和 0.5%；居住、交通和通信价格分别下降 0.1% 和 3.5%。全年食品价格比上年上涨 9.5%，涨幅比上年（8.0%）扩大 1.5 个百分点，拉动 CPI 上涨 1.81 个百分点，拉动力约为 79.6%。其中，猪肉价格上涨 43.0%，涨幅比上年扩大 9.9 个百分点，拉动 CPI

上涨约 1.19 个百分点。

2020 年，工业生产者价格指数整体低位运行，其中，出厂价格、购进价格分别比上年下降 3.1%、4.1%，降幅均比前三季度收窄。与上年相比，37 个大类行业产品出厂价格 9 升 1 平 27 降。10 大重点工业行业产品价格下降下拉 PPI 下降 2.1 个百分点，其中，化学原料、电力、纺织、计算机通信和其他电子设备制造业产品价格降幅较大，分别为 10.3%、4.5%、4.2% 和 3.6%，合计下拉 PPI 1.6 个百分点。9 大类产品购进价格与上年相比 7 降 2 升。除农副产品、有色金属材料及电线类价格分别上涨 2.5%、1.6% 外，其余 7 个大类产品价格不同程度下降，其中，化工原料、燃料动力和纺织原料类价格分别下降 11.4%、10.2% 和 3.6%，合计下拉购进价格 3.6 个百分点。

第四节　浙江省金融发展特点 [1]

2020 年，浙江省深入践行习近平总书记的金融工作思想，紧紧围绕服务实体经济、防控金融风险、深化金融改革三项任务，加快转变金融发展方式，持续增强金融服务能力，不断提升金融资源配置效率，在新冠肺炎疫情严重冲击期间，主动担当作为，精准有效施策，为疫情防控和经济复苏回升提供强劲支撑。

一、金融产业保持较快发展，社会融资规模持续扩大

2020 年，浙江省实现金融业增加值 5 591 亿元，"十三五"期间年均增长 13.85%，高于同期 GDP 增速 5.31 个百分点。"十三五"时期，金融业增加值占全省生产总值的比重平均为 7.35%，占第三产业增加值的比重平均为 13.73%。

2020 年，浙江省社会融资规模增量为 32 155 亿元，同比增长为 1.45 亿元，规模位列全国第三。其中，非金融企业境内股票融资为 953 亿元；企业债券为 5 193 亿元；人民币贷款 21 772 亿元；外币贷款折合人民币为 95 亿元；未贴现银行承兑汇票为 1 375 亿元。

二、存贷款余额同比增多，金融服务实体能力有效增强

2020 年末，浙江省全部金融机构本外币存款余额 152 234 亿元，比上年末增长 15.9%，增速比上年提高 3.2 个百分点，其中人民币存款余额增长 15.1%，全年新增存款 20 935 亿元，同比多增 6 208 亿元。全部金融机构本外币贷款余额 143 612 亿元，增长 18.0%，增速提高 2.9 个百分点，其中人民币贷款余额增长 18.2%，全年新增贷款

1　数据来源：中国人民银行杭州中心支行官网。

21 861 亿元，同比多增 6 053 亿元。企（事）业单位贷款余额增长 16.2%，住户贷款余额增长 20.5%。主要农村金融机构（农村信用社、农村合作银行、农村商业银行）人民币贷款余额 20 233 亿元，比上年末增加 3 761 亿元。

2020 年以来，浙江省深入贯彻实施融资畅通工程，提升金融服务实体经济能力。在全省金融机构推行小微企业"授权""授信"和"尽职免责"三张清单金融服务机制，推出小微企业和个体工商户"首贷户拓展三年行动"，落实金融支持供应链产业链稳定循环和优化升级 7 项举措，聚焦浙江十大标志性产业链，推广仓单质押、票据贴现、国际国内信用证等各类供应链金融业务。针对科技型企业，推进专利权、商标权等无形资产抵押贷款发展，探索投贷联动等新型融资支持方式，推动"人才金融二十条"落地。2020 年，浙江省民营、小微、制造业等重点领域贷款增量均为上年同期的 2 倍以上。

三、区域金融改革有序推进，贸易投资便利化不断提升

2020 年，宁波市获批普惠金融改革试验区，普惠金融信用信息服务平台采集信息超过 10 亿条；温州市民间金融风险有效化解，不良贷款率从 2015 年末的 3.82% 降至 2020 年末的 0.79%；丽水市农村金融发展水平显著提高，2020 年末涉农贷款余额 1 368.94 亿元，比 2015 年增长 67.4%；义乌市跨境贸易结售汇持续便利化，2020 年联网自助结汇 281.64 亿元；台州市金融服务小微企业能力有效提升，2020 年末小微企业贷款余额 4 102.34 亿元，比 2015 年增长 90.9%。

2020 年浙江省累计办理贸易外汇收支便利化试点业务 6.04 万笔，金额 137.9 亿美元；全省 60% 以上资本项目外汇收入支付业务免审单，惠及 921 家企业，金额达 64.9 亿美元；开展跨境金融区块链服务平台试点，推广区块链技术在贸易融资领域的运用，推动银行业务系统与外汇局服务平台直联；拓展应用场景，上线资本项目便利化业务区块链真实性审核，提升银行审单效率。

四、金融科技集聚优势显现，"移动支付之省"建设继续强化

浙江省将杭州打造成为全国数字经济第一城，高质量建设杭州国际金融科技中心，我国首家合资银行卡清算机构正式开业，全球数字金融中心、金融科技创新实验室等项目顺利落地；建设中的钱塘江金融港湾成为全省金融机构总部、金融要素交易平台、金融专业服务机构、金融研究机构最为集聚的区域。

建设"移动支付之省"。拓宽移动支付线下应用场景，深化政务民生领域移动支付应用，推动移动支付向农村地区延伸，移动支付覆盖率不断提升。截至 2020 年末，全省移动支付活跃用户 4 386.78 万户，普及率达 75%，全年移动支付金额 67.83 万亿元，

同比增长 32%。

五、金融去杠杆平稳推动，风险防控力度持续加大

截至 2020 年末，浙江省法人银行净值型非保本理财产品规模同比增长 77.54%，产品净值化比例同比提升 27 个百分点，去通道化成效显著；畅通债转股业务对接渠道，全力推动企业通过市场化债转股方式降低杠杆率；强化房地产金融宏观审慎管理，督促金融机构加强个人经营性贷款和消费贷款用途的实质审查，审慎开展信用卡授信业务，防范家庭和居民部门变相加杠杆。合理控制金融机构对地方政府性债务增量，按照市场化原则保障融资平台公司合理融资需求。

浙江省加强了金融监管协调和系统监控。成立了金融委办公室地方协调机制（浙江省），加强了中央和地方在金融监管、风险处置、信息共享和消费者权益保护等方面的协作；构建了职责分明、统筹协调、灵活高效的监管框架，增强监管合力，提高监管效率。深入实施存款保险制度。建立金融机构监测预警系统，动态监测银行业金融机构 20 项风险指标；依托央行浙江数字化平台，建立法人银行机构流动性实时监测系统；建立全省金融风险图谱，加强对省内各类经济金融风险的监测。

第二章 疫情背景下的支付产业发展

2020年，在新冠肺炎疫情影响下，市场经营环境、居民支付习惯、商户经营模式、金融机构业务办理渠道等发生了较大变化，互联网及移动支付设备的发展更新提供了强大技术支撑，移动支付迎来发展新机遇。随着移动支付的快速发展，其面临的技术安全、行业规范与监管要求不断提高，为民众提供安全便捷公平的支付环境成为一项重要课题。

第一节 移动支付抗击新冠疫情

移动支付凭借其"非接触"的固有属性在抗击新冠疫情和推动复工复产的过程中发挥着重要作用，有效减少了人员接触，阻断了病毒传播途径，提升了支付系统业务保障能力，降低了交易成本，提高了社会资金配置效率，为全面贯彻党中央、国务院关于新型冠状病毒肺炎疫情防控工作部署，全力推进复工复产提供了有力的基础保障。

一、提升离柜金融服务能力，有效阻隔病毒传播途径

自新冠疫情发生以来，移动支付基于"非接触式"的服务模式，有效减少了人员外出和聚集，减少纸币和银行卡的使用，从而阻断病毒传播途径。为应对疫情防控央行也鼓励更多使用移动支付，中国人民银行发布了《关于疫情防控期间现金使用有关问题的说明》，提出"为减少人员接触，可优先采用安全合法的非现金支付工具"。中国人民银行联合财政部、银保监会、证监会、外汇局发布了《关于进一步强化金融支持防控新型冠状病毒感染肺炎疫情的通知》，提出"加大电子支付服务保障力度。银行业金融机构、非银行支付机构要强化电子渠道服务保障，灵活调整相关业务限额，引导客户通过电子商业汇票系统、个人网上银行、企业网上银行、手机银行、支付服务 App 等电子化渠道在线办理支付结算业务"。

"非接触式"的服务渠道确保了金融服务的持续性，在疫情特殊时期，相关主体加大了对线上渠道的维护、优化和宣传力度，在保障服务不断档的同时，也培养了用户的线上使用习惯。据中国金融认证中心发布的《2020 中国电子银行调查报告》，2020 年个人手机银行用户比例保持较高的增长速度，增幅达到 8%，用户比例达到71%，同比增长 12%。企业微信金融服务的渗透率为 45%，上升 8 个百分点；企业手机银行渗透率为 42%，相比上年上 1 个百分点。根据人民银行发布的《2020 年支付体系运行总体情况》数据显示，2020 年，银行共处理电子支付业务 2 352.25 亿笔，金额2 711.81 万亿元。其中，网上支付业务 879.31 亿笔，金额 2 174.54 万亿元，同比分别增长 12.46% 和 1.86%；移动支付业务 1 232.20 亿笔，金额 432.16 万亿元，同比分别增长 21.48% 和 24.50%；电话支付业务 2.34 亿笔，金额 12.73 万亿元，同比分别增长33.06% 和 31.69%。

二、实名实人认证为提升疫情防控效率提供技术保障

健康码是此次疫情防控的重要工具之一，而实名实人认证是健康码功能实现的一

个关键技术。中国人民银行会同公安部在 2007 年 6 月就已建成运行联网核查公民身份信息系统，2015 年中国人民银行颁布的《非银行支付机构网络支付业务管理办法》要求对客户实行实名制管理。基于支付账户实名制，在经用户验证授权后，防疫码可以快速调取微信支付等实名支付工具的用户实名信息，与后台公共健康相关数据匹配分析，迅速识别风险。另外，人脸识别在金融行业的应用也已成熟，通过采集人脸信息并与公安部数据比对，人脸识别技术可以确保健康码申请人与实名信息相符，实现"人码合一"，这些技术都大大提高了疫情管控的效率。

三、聚焦生产生活痛点难点，助力民生保障和复工复产

疫情期间，以银联云闪付、微信支付、支付宝为代表的支付平台以及依托移动支付运行的电商平台、共享平台、外卖平台等在保障民生、助力复工复产、公益捐助帮扶等方面发挥了重要作用。

各银行机构在手机银行等应用软件中上线了线上购物、线上订餐、线上医疗、疫情相关信息查询等多种新功能，并提供线上缴纳水电费、学费、社保费等基础民生服务。此外，各金融基础设施机构、商业银行、非银行支付机构等还主动调降收费标准，减免支付结算业务手续费，主动降低疫情期间资金流通成本。中国银联股份有限公司紧急发布《关于实施金融服务手续费优惠支持防控新型冠状病毒感染肺炎疫情的函》，减免或降低了医院、慈善机构、小微商户等在疫情防控期内的交易服务费，累计减免各类费用超过 3.5 亿元。上线全国首个大型金融 App 线上捐款通道，累计募捐金额超过 550 万元，开发上线"消费券""健康码"功能，推进云闪付 App 与各地政府"一网通办"对接，积极开展"重振引擎"住商惠民活动，36 家银联分公司联合参与各方在 232 个城市通过云闪付 App 发放消费券超过 7 700 万张，直接拉动消费超过 70 亿元。为确保疫情期间资金及时划拨到账，央行开设了支付清算绿色通道，延长大额支付系统运行时间，并积极引导企业和个人在线办理支付结算业务。

2020 年，面对突如其来的新型冠状病毒肺炎疫情，浙江省支付产业有效发挥服务民生保障和基础支撑作用，为疫情防控贡献支付力量。

（一）畅通防疫资金汇划渠道

人民银行第一时间构筑资金汇划绿色通道，科学调整支付清算系统运行安排，及时放开小额支付系统业务限额。浙江省支付系统直接参与者及时调整小额支付系统贷记业务限额，加强系统运维和头寸管理，高效划拨 240 亿疫情防控专项再贷款。

（二）开辟银行开户"绿色通道"

各银行机构坚持"特事特办、急事急办"，综合运用远程视频、人脸识别、电子证照、大数据分析等方式，通过电子渠道为单位办理账户开立、变更等业务，并为疫

情防控相关单位银行账户开立开辟"绿色通道"，浙江省累计开立防疫相关单位银行账户 1 629 户。

（三）加大电子支付服务供给

各银行机构、支付机构积极引导和鼓励社会公众利用云闪付 App、手机银行等电子化渠道办理支付结算业务，并开通线上捐款援助入口，减少人员接触和疫情传播。中国银联在云闪付 App 上线"武汉加油 爱心捐赠"爱心捐款入口，且免收转账手续费。

（四）利用支付数据快速锁定涉疫人员

利用移动支付大数据，掌握疫区人员流动轨迹，助力公安部门快速锁定确诊病人接触人员，有效控制疫情蔓延。如台州市某服装店工作人员被确诊，公安人员通过快速查找该服装店 POS 消费的交易信息和人员账户，快速锁定确诊病人的接触者。

第二节　数字化转型助推经济恢复

2020 年，我国三次产业加速数字化转型，其中农业、工业、服务业数字经济渗透率分别为 8.9%、21% 和 40.7%，分别较 2019 年提升 0.7、1.6 和 2.9 个百分点。随着数字化转型的不断推进，我国经济社会正在加速进入数字化新时代，数字经济日益成为经济复苏和经济增长的新引擎。2020 年在新冠肺炎疫情冲击和全球经济下行叠加影响下，我国数字经济依然保持 9.7% 的高位增长，是同期 GDP 名义增速的 3.2 倍多，2020 年我国数字经济规模达到 39.2 万亿元，占 GDP 比重为 38.6%，成为我国稳定经济增长的关键动力。广东、江苏、山东等 13 个省市数字经济规模超过 1 万亿元；北京、上海数字经济 GDP 占比超过 50%。[1]

一、在扩大消费方面

2020 年，受新冠肺炎疫情影响，实体零售业面临挑战，线下门店客流大幅缩减。随着疫情催生的"宅经济"成为市场风口，一大批以互联网、大数据、人工智能为基础的新业态、新模式纷纷涌现，数字经济的线上消费模式打破了时空限制，满足了消费升级的需求，使得消费意愿和消费能力得以变现，同时便利的数字产品和服务使新的消费习惯得以培育形成，在线教育、互联网医疗、远程办公、直播带货等新业态创造出了越来越多的数字消费新需求。

以浙江省为例，2020 年，全省实现网络零售额、居民网络消费和跨境网络零售出口额分别为 22 608 亿元、11 072 亿元和 1 023 亿元，比 2019 年分别增长 14.3%、

1　数据来源：《中国数字经济发展白皮书 2021》。

10.9% 和 31.6%。网络零售额是 2015 年的 2.6 倍，网络零售额相当于社会消费品零售总额的比重达 84.9%，比 2015 年提高 46.4 个百分点。2020 年，全省快递服务企业业务收入 1 071 亿元、业务量 179.5 亿件，比 2019 年分别增长 17.3% 和 35.3%，均居全国前列。截至 2020 年底全省移动支付活跃用户数 4 387 万户，普及率达 75%，全年共发生移动支付业务金额 67.8 亿元，比上年增长 31.7%。

二、在促进投资方面

高技术产业投资拉动作用明显，2020 年，高技术产业投资比上年增长 10.6%，增速高于全部投资 7.7 个百分点，拉动全部投资增长 0.8 个百分点。高技术制造业投资增长 11.5%，占全部制造业投资的比重比上年提高 2.8 个百分点。其中，医药制造业投资增长 28.4%，计算机及办公设备制造业投资增长 22.4%，电子及通信设备制造业投资增长 8.2%。高技术服务业投资增长 9.1%，增速比全部服务业投资高 5.5 个百分点。其中，电子商务服务业投资增长 20.2%，信息服务业投资增长 15.2%，科技成果转化服务业投资增长 14.0%。

新基建成为数字经济时代转型发展"加速器"。2020 年各地政府基于自身产业优势，立足区域一体化发展需求，加速布局新型基建，加大关键性基础设施建设力度。如浙江省加快推进"1+N"工业互联平台体系建设，建成 5G 基站 5 万个；广西省推进人工智能、物联网等新型基础设施建设；粤港澳大湾区、京津冀地区、长三角地区、成渝地区双城经济圈等重大战略区域均把数字基建作为数字经济一体化的基础在加快推进。

三、在推动出口方面

随着互联网、大数据、区块链、人工智能等数字技术的迅速发展，传统贸易与现代科技加快融合，创新出新的贸易业态和贸易模式，形成新的贸易动能。

2020 年，我国跨境电商市场规模保持高速增长态势。据海关统计，全年通过海关跨境电子商务管理平台验放进出口清单 24.5 亿票，同比增长 63.3%。跨境电商进出口 1.69 万亿元，增长 31.1%。以浙江省为例，该省积极引导非银行支付机构规范开展跨境电商人民币结算业务先后完成杭州辖内 2 家支付机构跨境电商人民币结算业务备案。率先开展银行"系统直连"模式跨境电商外汇业务试点，探索银行从交易平台直接获取跨境电商交易信息的管理经验。至 12 月底，两家试点银行共办理收结汇 4 801 万美元，服务商户 4 537 家，收结汇成本平均降低三分之二。指导商盟商务服务有限公司获批开展跨境电商外汇结算业务试点。2020 年，全省电子商务跨境人民币结算量为 1 293 亿元，同比增长 9.79%；全省实现跨境网络零售额 1 023 亿元，同比增长 31.6%。

2020 年 11 月，区域全面经济伙伴关系协定（RCEP）正式签署，现有 15 个成员国总人口、经济体量、贸易总额均占全球总量约 30%，意味着全球约三分之一的经济体量形成一体化大市场。我国立足 RCEP 区域合作框架，依托中德、中日、中韩、中国一东盟等数字经济合作平台和自贸区建设，鼓励数字贸易、促进数据跨境流动，进一步输出基于信息通信技术开展的实物贸易、数字产品和服务，积极参与跨境电子商务、跨境数据流动、国际健康码互认、数字货币、数字税等规则构建，支撑全面扩大开放。2020年，我国对其他 14 个 RCEP 成员国进出口总值 10.2 万亿元人民币，增长了 3.5%，占同期我国进出口总值的 31.7%。

为支持企业复工复产、促进消费扩容提质，中国人民银行杭州中心支行及时出台十类惠民利企支付服务举措，各商业银行、支付机构积极行动，利用数字化手段优化支付服务、持续完善消费支付环境。

（一）上线应用健康码

2020 年 2 月，支付宝在杭州率先推出健康码，通过技术手段有效加强疫情防控，满足政府和企业安全、平稳、有序复工复产需求。中国银联浙江分公司在云闪付 App 上线健康码，实现与"去付款""去就医"等功能联动，一次完成健康状况验证及扫码支付。浙江成为全国首个健康码全覆盖的省份。

（二）搭建消费券发放平台

移动支付平台凭借用户和商户覆盖率高等优势，成为政府发放各类消费券和补贴的主要渠道。据调查，2020 年浙江省各级政府消费券发放总量约为 48 亿元，其中 93% 通过云闪付 App、支付宝、微信等移动支付平台发放。宁波、绍兴、衢州、台州和舟山等地通过云闪付 App 累计发放消费券 274.95 万张、兑付金额 6 127.5 万元。消费券撬动消费扩容提质效果明显，平均杠杆倍数接近 8。

（三）主动降费让利

全省范围内支付产业各方对消费者和商户开展减费让利。银联浙江分公司启动为期 3 个月的"春天行动"，向云闪付 App 用户、商户、收单机构推出一系列补贴活动，倡导"无接触"的移动支付方式，累计投入费用 2 512 万元。全省银行机构、支付机构共累计减免业务手续费 2.8 亿元。

第三节　科技金融提升服务体验

普华永道发布的《中国金融科技调研 2020》认为，中国金融业随着科技进步发生了巨大变革，新冠肺炎疫情更加速了金融机构的数字化转型。目前金融模式已发展到金融科技 4.0 时代——依托人工智能（AI）、增强现实（AR）、语音识别设备、穿戴智能设备、无人驾驶、5G 通信、区块链等创新型技术手段，银行金融等服务渠道无处不在，进入开放银行时代。那么到底是科技金融还是金融科技需要从科技和金融的不同商业本质中寻找答案，对于以承担和经营风险换取收益的金融机构而言，称之为科技金融似乎更为恰当。随着科技金融的快速迭代升级，金融服务理念和模式发生了深刻变化，在需求端最为直接的体现便是消费者服务体验的提升。

一、提高基础金融服务可得性

前些年，ATM 机、POS 机、小额转账电话等自助机具是提升乡镇基础金融服务覆盖面的主要手段，近年来随着我国农村互联网、智能手机普及率不断提升，非接触式服务、移动支付凭借成本更低、服务更便捷的特点有效提升农民金融服务可得性，更好地解决金融服务"最后一公里"难题，缩小地区间金融服务不均衡状况。

根据人民银行公布的《2020 年支付体系运行总体情况》，截至 2020 年末，ATM 机具为 101.39 万台，较 2019 年末减少 8.39 万台；全国每万人对应的 ATM 数量 7.24 台，同比下降 7.95%。与之形成鲜明对比的则是银行非现金支付业务的增长，根据央行公布的数据显示，2020 年，全国银行共办理非现金支付业务 3 547.21 亿笔，金额 4 013.01 万亿元，同比分别增长 7.16% 和 6.18%。这意味着，随着线上支付业务的不断发展，我国已经进入移动支付时代。

人民银行党委书记、银保监会主席郭树清表示随着电子支付特别是移动支付的普及，中国已实现基本金融服务城乡全覆盖。即使在最偏远的农村地区，每个成年人也都有自己的银行账户。中国的移动支付普及率和规模位居全球首位，存款、取款和汇款几乎都实现了实时到账。网上消费蓬勃发展，城乡居民生活更加方便。

二、助力解决融资难融资贵问题

融资难，难在信息不对称，"缺信息、缺信用、缺抵押"；融资贵，贵在传统服务渠道和服务方式，经营管理成本居高不下。人工智能、虚拟现实等技术的应用帮助削平数字鸿沟、降低服务门槛、优化服务模式，使融资服务"既普又惠"成为可能。银行等机构利用大数据开展智能风控，提高对小微企业的风险识别和定价能力，减少对抵押物的依赖，大大提高了融资的可得性。如通过区块链加持供应链金融，将物联网、区块链等新技术嵌入生产、交易、加工、物流、仓储等环节，充分发挥数据要素倍增作用赋能供应链资金流、商流、物流深度融合，利用区块链去中心化、不可篡改、可追溯、价值可传递等特性，缓解小微企业贸易背景及应收账款真实可靠性等问题，提高信息透明度，加大融资服务供给力度。

在小微企业融资领域，浙江发挥数字经济强省的优势，推出"贷款码"功能。人民银行杭州中心支行、浙江省市场监督管理局、浙江省财政厅三大部门联合印发了《浙江省小微企业和个体工商户"首贷户拓展三年行动"方案(2020-2022年)》，该方案指出人行杭州中心支行与浙江省市场监管局将联合推出"贷款码"。以人行杭州中心支行的浙江省企业信用信息服务平台和省市场监管局的浙江省小微企业云平台为应用支撑，运用金融科技手段，搭建线上融资"绿色通道"，浙江的小微企业、个体工商户等市场主体可以通过线下扫码或在线登录各地人民银行、市场监管部门、金融机构官方网站(微信公众号、App)，通过浙里办、云闪付、支付宝、微信等应用扫"码"发布融资需求，经省企业信用信息服务平台推送至相关金融机构，实现融资需求发布、对接、受理、审核、反馈等一站式精准服务，实现"码"上融资。

三、提升金融服务的宽广度和便捷度

为进一步提高金融服务质量和效率，浙江在拓宽服务渠道上融合线上和线下支付方式，提高服务的便捷性，加强支付产品和支付工具创新，拓宽移动支付应用场景，优化服务流程，提升服务体验。

（一）优化线上线下服务渠道，提高服务便捷度

通过布放各类智能化设备及数字化系统，推动网点功能转变，提升网点服务效能。如青岛农商银行全面建设社区支行、微贷中心、直销银行、财富管理"四位一体"的服务平台，形成了"线上线下、网上网下、金融和生活融合一体"的社区服务体系。打通和拓宽线上渠道，丰富手机银行、电子银行、微信银行功能，提升线上经营能力，如江苏银行运用5G技术推出远程投顾服务，推出手机银行5.0版、直销银行5.0升级版，实现网点柜面、智能柜台"无卡"办业务，开放以"PC+小程序"双平台，持续拓展线上零售应用场景生态圈。

（二）创新金融服务，拓展场景应用

随着5G通信技术的稳步发展，5G与边缘计算、网络切片等技术的结合为市场打开新的想象空间。2020年，商业银行、电信运营商等机构开展5G消息的金融场景应用合作，工商银行、中国银行、新网银行等多家商业银行分别试点推出5G消息银行服务，给予5G消息交互，客户可在短信页面办理包括开户、理财、网点预约等银行业务，实现客户服务轻量化、便捷化。打造金融与民生系统互通的服务渠道，推动建立以人为本的无障碍公共服务体系，增强百姓就近办、线上办服务能力，推动社保、医疗、交通、缴费等公共服务便利化发展，以"支付+账户+场景"使金融服务融入人们高频生活场景。如中原银行紧紧围绕客户的非金融痛点，聚焦和搭建中原聚商、中原吃货地图、中原智慧校园、中原智慧社区四大场景，并取得明显成效。

（三）优化服务流程，丰富线上产品

人工智能等技术运用可以大量节省人力，有效优化服务流程，缩短业务办理时间。通过云计算等技术，进行后台批量化、高效率审批，提升机构运营效率。传统信贷模式下，一位银行客户经理最多同时跟进 20 笔贷款业务，然而我国中小企业及个体工商户总量已超过 1 亿户，小微企业贷款过去是 20~30 天的审批周期，现在通过科技平台实现了"秒申秒贷""立等可到"。近年来各家银行纷纷加大投入建系统、设模型、搭平台、推出线上产品，例如，2020 年，中国银行推出"中银企 E 贷·信用贷"，工商银行加快"数字普惠"升级，完善"经营快贷""网贷通""数字供应链融资"三大重点线上产品，农业银行加快首贷、续贷、信用贷款、中长期贷款等领域的线上产品研发，上线小微客户服务平台、小微业务经营管理平台等，建设银行打造"小微快贷""个人经营快贷""裕农快贷"和"交易快贷"四大线上产品体系，中小银行也在数字普惠金融方面进行了许多探索。

四、移动支付生态圈进一步完善

因疫情防控需要，"宅经济"兴起，"无接触支付"成为刚需，消费模式快速从线下转向线上，移动支付在社会公众中的普及率进一步提升。一些原来较少使用移动支付的中老年人，也因健康码、在线购买生鲜等服务，开始学习使用移动支付。为满足客户在疫情期间金融服务等各类需求，各市场主体不断加强自身在线服务能力。如，不少银行通过在手机银行上增加线上买菜、线上教育等功能，提升用户体验。与此同时，商户线上低成本经营需求加大，支付宝与微信分别推出了"数字化转型"与"智慧经营"计划，通过开放数据洞察、用户触达、潜在客户拉新等技术分析能力，为商户提供运营工具、获客渠道、经营贷款等全套商业解决方案，帮助商家从数字化支付升级为数字化经营。

五、数字人民币启动试点

经历了 5 年研发，基于区块链技术推出的全新加密电子货币——数字人民币进入试点测试阶段。2019 年底，数字人民币相继在深圳、成都、苏州、雄安新区等地及未来的冬奥会场景启动内部封闭试点测试。2020 年 8 月 14 日，商务部印发《全面深化服务贸易创新发展试点总体方案》提出：在京津冀、长三角、粤港澳大湾区及中西部具备条件的试点地区开展数字人民币试点。2020 年 10 月，增加上海、海南、长沙、西安、青岛、大连 6 个试点测试地区。数字人民币通过手机下载注册数字钱包 App 应用，支持扫码、NFC、双离线等多种交互支付方式，相较于支付宝、微信等电子支付工具，数字人民币具有法偿性、有限匿名、安全性等特点。未来，数字人民币的发行将使支

付市场竞争更加多元，也将推动货币运行体系深刻变革，在提高人民银行货币政策有效性、防止货币超发、维护金融稳定等方面发挥极其重大的作用。

第四节　强化监管守住风险底线

近年来，我国支付市场发展迅速，支付方式和产品推陈出新，为使第三方支付市场回归支付本业，促进行业充分竞争，分散风险，相关部门针对支付监管接连发文，首提支付领域反垄断，出台新的支付业务规则、备付金管理办法等，加码支付领域监管，规范和重塑支付市场。

一、加强金融科技监管及反垄断监管

2020 年，监管加强对包括网络贷款、互联网理财、征信等支付相关的金融科技业务规范管理，支付交叉金融业务的合规经营及风险防范成为监管关注重点。网络贷款方面，银保监会于 2020 年 7 月正式发布《商业银行互联网贷款管理暂行办法》，规范银行业机构从事互联网贷款服务的主要模式，明确商业银行互联网贷款业务核心风控环节应由其独立有效开展；11 月银保监会和人民银行就《网络小额贷款业务管理暂行办法征求意见》，拟从地域限制、准入限制、平台合规性、额度严控等角度加强对网络小贷监管。互联网理财方面，银保监会在 12 月制定《商业银行理财子公司理财产品销售管理暂行办法（征求意见稿）》后，主要网络支付平台已下架互联网存款产品。征信方面，人民银行持续规范具有合法资质的个人征信机构开展业务，推动主要网络小贷机构个人信用信息与央行征信系统对接，人民银行表示，借贷信息以外的替代数据需要纳入征信监管，于 2021 年 1 月发布《征信业务管理办法（征求意见稿）》，推动信用信息依法合规使用。

随着金融机构、类金融机构在股权、业务上的交叉合作和业务关联逐步加强，对金融控股公司的监管思路逐渐理顺，国务院 2020 年 9 月 11 日发布《关于实施金融控股公司准入管理的决定》，同日，人民银行正式发布《金融控股公司监督管理试行办法》，细化了金融控股公司准入的条件和程序。同时，结合我国逐步完善针对大型平台机构、特别是支付相关互联网机构的反垄断行为监管。2020 年 11 月，《关于平台经济领域的反垄断指南》征求意见，并与 2021 年 2 月正式发布。12 月，市场监管总局依法对阿里巴巴"二选一"等涉嫌垄断行为立案调查，督促指导其按照市场化、法治化原则落实金融监管、公平竞争和保护消费者权益等要求。

二、推动支付市场有序竞争和业务规范发展

2021 年 1 月,《非银行支付机构条例(征求意见稿)》发布,拟按照业务实质将非银行支付业务类型划分为储值账户运营业务和支付交易处理业务,以适应技术创新和业务发展需求,并强化业务监管和机构监管措施,防止监管套利和监管空白。2020年 4 月,《非银行支付机构客户备付金存管办法》征求意见,并于 2021 年 1 月正式发布,提升了备付金监管的法律层级。2020 年 10 月,人民银行就《非银行支付机构行业保障基金管理办法》征求意见,明确行业保障基金来源、管理使用办法、监督管理原则。

2020 年以来,我国密集出台了《数据安全法(草案)》《金融数据安全分级指南》《常见类型移动互联网应用程序(App)必要个人信息范围》(征求意见稿)等多项涉及数据安全及个人信息保护的法规及标准,逐渐形成促进数字经济健康发展的重要基础,也将对支付清算领域各参与主体在数字经济下的发展理念及业务处理方式带来影响。

三、推动支付市场创新发展和便民惠民

2020 年,监管部门持续引导支付领域金融科技创新专注于服务实体经济。在 2019年 12 月北京启动试点后,金融科技创新"监管沙盒"试点范围进一步扩大至上海、深圳、雄安等更多城市。监管主要从推动移动支付便民应用、条码支付互联互通等方面促进支付市场创新发展。

2020 年 4 月,人民银行科技司在《落实发展规划推动金融科技惠民利企》中强调"稳妥开展条码支付、刷脸支付互联互通技术验证与应用试点",银联、网联在监管指导下已在多地开展有序试点。9 月,《关于以新业态新模式引领新型消费加快发展的意见》印发,鼓励各类型支付清算服务主体降低手续费用,推动银行卡、移动支付在便民消费领域广泛应用。《中国人民银行办公厅关于提升老年人支付服务便利化程度的意见》要求采取有效措施,满足老年人支付服务需求,便利老年人享受智能化支付服务,消除支付领域"数字鸿沟"。银联要切实推进"云闪付"移动支付适老化改造和应用。推动"云闪付"根据用户身份认证及画像,打造或优化适老型移动支付产品,提升老年人使用"云闪付"的易用性。2020 年,支付战线坚持严监管常态化,驰而不息筑牢支付领域风险防控网,坚决守住不发生系统性风险的底线。

四、打击治理电信网络诈骗和跨境赌博

人民银行高度重视,将打击治理电信网络诈骗和跨境赌博作为重大政治任务。人民银行杭州中心支行先后印发《浙江省银行、支付机构打击防范电信网络新型违法犯罪工作方案(2020 年)》和《浙江省强化金融监管 加快推进跨境赌博资金链治理工作

方案》，连续召开三次推进会，组织开展三轮风险排查，深入推进"断卡"行动，切断电信网络诈骗、跨境赌博资金链。持续开展涉案账户倒查问责，在全国率先采取暂停新开户业务的监管问责措施，被有关媒体称为史上最严监管措施。省内月均涉案单位银行账户数下降94%。

五、强化大型金融科技公司监管

《非银行支付机构客户存管办法》正式发布，明确备付金全额集中交存至中国人民银行或符合规定的商业银行，并详细规定了备付金出金、入金以及自由资金划转的范围和方式，进一步维护消费者合法权益，促进支付机构健康发展。《非银行支付机构条例（征求意见稿）》公开征求意见。征求意见稿按照业务实质将支付机构支付业务重新划分为储值账户运营业务和支付交易处理业务量类，分类确定监管要求，并首次提出了支付领域反垄断监管措施。同时，人民银行持续督促蚂蚁集团整改，要求回归支付本源，提升交易透明度，维护支付市场公平竞争秩序。

六、实施创新业务监管

为进一步规范财政补贴行为，人民银行杭州中心支行密切关注支付宝公司为杭州"亲情在线"平台提供支付服务相关情况，纠正违规为预算单位开立支付账户、财政资金脱离国库单一账户体系等违规问题。印发《关于进一步规范财政性补贴资金支付行为的通知》，明确支付机构不得为预算单位开立或变相开立支付账户，建立财政性补贴资金发放逐笔核对机制，切实规范财政性补贴资金发放。整治无证支付行为，深入开展无证经营支付业务风险排查，全省处置1家无证经营支付业务机构，配合公安机关破获4起无证经营支付业务案件。开展杭州金融科技创新监管试点，形成工作机制，召开启动会议，组织杭州持牌金融机构、科技公司参加试点项目申报工作，在金融科技创新领域探索包容审慎的监管路径。首批5个创新应用已通过公示公告，并正式向用户提供服务。

第三章 移动支付之省建设

　　大数据时代，数字经济对我国经济发展的推动作用日益凸显，成为经济迈向高质量发展的主引擎。截至2020年12月，我国网民规模达9.89亿，互联网普及率达70.4%，在互联网普及的同时，移动支付获得了快速发展，2019年浙江省全面启动了"移动支付之省"建设，不断加大创新力度，着力突破行业应用，扩大移动支付覆盖面，积极推动浙江数字经济建设健康发展。

第一节　移动支付之省工程

2019 年，浙江省以加快建设引领全国、具有全球影响力的移动支付之省为总目标，全面启动了"移动支付之省"建设，聚力移动支付产业发展。"移动支付之省"建设启动以来，全省移动支付业务规模增长势头良好，行业应用全面普及，科技融合创新不断涌现，不断助推数字经济成为浙江一号产业。

一、大力推进全国领先的移动支付之省建设

2018 年 7 月，浙江省在全省数字经济发展大会上率先提出建设"移动支付之省"，作为以"一湾、一城、一省、多区"为框架的新兴金融中心建设的重要组成部分。中国人民银行杭州中心支行在第三届 (2019) 钱塘江论坛发布会上发布《浙江移动支付之省建设工作方案 (2019-2022 年)》。根据该方案，2019 至 2022 年，浙江全省移动支付交易笔数、交易金额年均增长 30% 以上，到 2022 年该省移动支付活跃用户达到 5 000 万以上，人口覆盖率达到 90% 以上，实现全省城市全面覆盖、县域基本覆盖，移动支付技术和模式辐射全球。届时，移动支付全面覆盖交通医疗、市政公用、政务服务、商贸旅游、校企园区等社会服务领域和经济领域。同时，浙江将探索开展移动支付相关金融标准创新建设，促进移动支付创新和健康发展，为全国乃至全球提供浙江样板。

二、移动支付是浙江省数字经济发展重要内容

浙江省在 2020 年全省数字经济发展综合评价工作中，对全省 11 个设区市和 90 个县（市、区）从基础设施、数字产业化、产业数字化、新业态新模式和政府与社会数字化 5 大类实施指标评级，全面反映全省数字经济发展水平。人民银行杭州中心支行牵头的移动支付活跃用户普及率、银行机构移动支付业务量作为"数字金融"指标纳入综合评价。其中，移动支付活跃用户普及率反映某一地区常驻居民当月使用移动支付应用的活跃程度，银行机构移动支付业务量则代表当地手机银行以及银联移动支付App"云闪付"的使用情况。

三、"移动支付"向"移动智付"转型升级

2020 年 6 月，人民银行杭州中心支行会同五个省级部门联合发布了《浙江移动支付之省建设 2019 年工作总结和 2020 年工作思路》和任务清单，在移动支付普及深化、科技创新、标准建设、数据应用、对外开放等方面再出实招，不断推动移动支付向纵

深发展，努力实现向移动智付的转型升级。2021 年，将继续推进移动支付应用向纵深发展，进一步完善和丰富接入统一公共支付平台的移动支付渠道；促进移动支付多元化协调发展，结合不同群体需求，提高移动支付服务普适化；以"智能亚运"为目标，全面开展亚运会支付服务环境建设，并在数据应用、科技创新、标准建设等方面制定新的举措。

第二节　移动支付之省建设机制

移动支付之省工程正逐步进入建设快车道，人民银行杭州中心支行立足新发展阶段，贯彻新发展理念，围绕浙江省数字化改革战略，坚持数字化、多元化、普惠化发展方向，顺应数字经济发展大环境，不断探索适应市场的建设机制，深化移动支付之省建设，为全省数字经济发展提供有力支撑。

一、加强顶层设计，健全政策支持

2020 年 8 月，浙江省数字经济发展领导小组发布《关于深入实施数字经济"一号工程"的若干意见》，将打造以新技术、新制造、新基建、新业态和新治理为重要特征的数字经济 2.0 版。2020 年 12 月，中国第一部以促进数字经济发展为主题的地方性法规——《浙江省数字经济促进条例》通过浙江省人大常委会审议，于 2021 年 3 月 1 日起施行。

自 2019 年移动支付之省建设正式启动以来，连续两年浙江省政府工作报告中分别提出率先开展 5G 商用，推广应用城市大脑和电子发票，加快建设移动支付之省，争创国家数字经济示范省（2019 年）；全面实施城市大脑、电子发票、移动支付之省等标志性工程（2020 年）。

人民银行杭州中心支行、省科技厅、省商务厅、省市场监督管理局、省地方金融监管局、省银保监局等 6 个省级部门联合印发《浙江移动支付之省建设 2020 年工作思路和任务清单》，将"移动支付之省"建设与"放管服"改革、复工复产、乡村振兴、普惠发展、消费提振等工作相结合，强化顶层设计，确立年度工作目标和工作任务。

二、完善工作机制，加强部门联动

为建立可持续推进机制，不断推进落实移动支付之省建设，浙江省成立了由 27 个省级部门和机构组成的移动支付之省建设工作组，明确工作目标及各单位职责。建立工作组成员单位间、市场主体间的沟通协作机制，通过上门走访、专题会议、信息交流等形式，了解前期工作进展，分享先进做法和经验，协调解决重难点问题。

各部门形成了各司其职又聚力联动的良好局面。省商务厅组织实施数字生活新服务行动，支持做大做强"一图两码三平台"框架体系中的支付码。省地方金融监管局将移动支付纳入新兴金融中心、杭州国际金融科技中心等建设工作任务。公安部门、人民银行联合开展打击无证经营支付业务、买卖银行账户惩戒等工作，深入推进打击治理电信网络诈骗和跨境赌博工作。

三、健全共建机制，落实考核督导

制定浙江省移动支付受理环境共建机制和重点受理商圈（街区、商户）共建机制，由银行机构和中国银联分公司共同出资，推动移动支付在商业领域的应用。通过银行卡联席会议机制、行业应用联合拓展机制、行业应用终端补偿机制、行业应用手续费补偿机制、商圈联合共建机制、银行卡联合营销机制，产业各方形成共同建设、共同投入、共同推广的联合建设机制。

银联分公司、各银行机构与技术服务商、行业协会等服务机构合作拓展行业应用，结合行业特点量身定制支付解决方案，提升行业应用建设效率和效果。各银行机构利用自身客户资源和技术优势，建设移动支付行业应用项目。

人民银行杭州中心支行将移动支付之省建设工作纳入对各地、各银行机构的考核评价，按月通报各地、各银行机构移动支付相关数据，推进相关工作。组织对绍兴、金华、衢州、丽水、湖州等地移动支付应用情况开展实地督导。推动省内13家银行机构将移动支付推广纳入行内业绩考核，调动银行机构分支行积极性。中国银联浙江分公司通过协助各地人行出台移动支付考核办法，将各项指标分解、落实各县/区、各银行，定期通过数据下发、业务分析等方法，配合各地市人行推进移动支付便民工程各项工作的开展，如推动、参与绍兴、舟山等地出台移动支付劳动竞赛办法等。

第三节　移动支付之省实施

2020年是浙江移动支付之省建设的提升年。浙江移动支付之省建设继续以数字经济"一号工程"、新兴金融中心建设为引领，深入实施《浙江移动支付之省建设工作方案（2019-2022年）》，努力实现向移动智付的转型升级。

一、推动移动支付普及应用

推动以银行业联网通用标准为基础的移动支付普及运用，提升线上支付服务能力，拓展小微企业卡、乡村振兴主题银行卡等特色线上产品。加大移动支付对民生场景的支持力度，实现移动支付在政务服务、医疗卫生、公共交通、公共事业缴费等公共服务领域全覆盖。鼓励在移动支付基础上附加信用、安全、金融、营销等增值服务，满足百姓多样化、个性化支付服务需求，不断优化操作体验，推动电子身份证等电子证照在移动支付场景的应用，提升移动支付体验感。继续扩大县域农村地区移动支付供给，积极引导县农村地区居民规范使用移动支付工具，切实提升农村居民移动支付可得性，加快普惠金融发展。

引导培养公众使用移动支付的无接触支付和生活方式，探索将健康码与付款码相结合，实现各种便民服务"一码通"，依托移动支付延伸健康打卡、数字课堂、园区管理、文化旅游等增值服务，升级移动智付助力常态化疫情防控。

二、推进移动支付科技创新

应用金融云、区块链等基数架构促进移动支付产品创新和迭代，推进人脸识别等生物认证技术在移动支付中的应用。鼓励各类支付服务主体合作共建共享、创新移动支付运营模式和生态圈建设。支持移动支付等企业申报国家高新技术企业，享受减按15%征缴企业所得税优惠。探索开展公民网络数字身份凭证、手机盾、手机云证书等新型身份认证技术应用，带来更加安全、高效的移动支付体验。运用金融科技监管，建设浙江省支付结算"云互联"监测防控平台，提升移动支付风险技防能力。

研究打造政府、企业和社会多主体共同参与的社会数据治理环境，在保障信息安全基础上，探索跨行业数据资源协同共享和互联互通。创新数据资源分析、利用模式，促进移动支付基础数据与挖掘潜在客户、拓宽应用场景、提供综合金融服务等相互作用，实现"移动支付"向"移动智付"创新升级。

三、推动移动支付国际化发展

鼓励金融机构和支付机构探索云计算、大数据等新兴技术移动支付领域标准，争取获得各国认可，确保移动支付标准国际话语权，增强中国移动支付行业海外影响力，畅通移动支付"出海"之路。

支持全国首家中外合资银行卡清算机构开业，推进连通公司和中国银联开展全面合作。研究外国人使用移动支付的创新解决方案。推动跨境电子商务人民币结算增量扩面，推动金融机构加强与支付机构合作，不断扩大和丰富参与主体和业务种类。引导支付服务市场主体积极向"一带一路"沿线和新兴市场国家和地区输出技术及业务服务能力，加快移动支付全球网络布局。

第四节　2020 年移动支付之省建设亮点

2018 年 7 月，浙江省数字经济发展大会上首次提出，开展移动支付之省建设，并作为数字经济"一号工程"的标志性工程之一，由人民银行杭州中心支行牵头成立移动支付之省建设工作组，负责规划和组织实施。2020 年，浙江移动支付之省建设工作组在省委省政府的重视支持下，深化移动支付之省建设，不断拓展移动支付应用广度、深度，推进移动支付产业纵深发展。

一、深耕场景建设，移动支付应用全面普及

深拓民生领域应用，银联云闪付政务专区与"浙里办"用户体系完成对接与认证，新增接入 34 项便民缴费应用；支付宝 App"城市服务"升级为"市民中心"，上架生活缴费、交通出行等近 1 500 项热门服务。银联浙江分公司在全国首发杭州公交、地铁、水上巴士乘车一码通。全面推进考试收费项目接入统一公共支付平台，实现交通罚款缴纳移动支付"一网通缴"、就近可缴。向县域农村下沉，通过开展"一县一特色"移动支付场景深化、"云闪付数字乡镇"建设等活动，大力推动移动支付在县域的应用。在有条件的地区推广通过移动支付方式办理银行卡助农服务，引导农村居民使用移动支付工具。延伸金融服务功能，依托移动支付推广农户小额普惠贷款，授信覆盖率达到 95% 以上。持续建设并推广浙江省金融综合服务平台，通过浙里办 App"掌上贷"业务累计授信突破 9 000 亿元，服务企业 86 万家次。

二、坚持包容审慎，移动支付科技创新进一步深化

支持科技应用创新，立项支持"基于跨境支付大数据的电商可信交易关键技术研究与应用"等重点项目，推广基于人脸识别技术的线下支付应用，全省累计部署"刷脸付"机具 1.59 万台，交易 108 万笔。深入推进金融科技应用试点，探索开展公民网络数字身份凭证、手机盾、手机云证书等新型身份认证技术应用，促进移动支付体验更加安全高效。创新移动支付标准建设，蚂蚁集团牵头的《移动金融服务 客户身份鉴别指南》《移动金融服务 条码支付安全》等标准研究项目成功立项 ISO 国际标准。深耕长三角互联互通，启动长三角三省一市政务服务"一网通办"平台技术对接，自费就医移动支付凭证"电子健康卡"和医保电子凭证应用实现互联互通。

三、有序对外开放，移动支付国际化进程加快

连通公司顺利开业展业，于 2020 年 8 月正式揭牌开业。指导连通公司与 16 家发

卡银行签约合作，共发行了 31 款美国运通人民币信用卡产品，发卡总量累计 110 万张。境外人员移动支付服务取得突破，银联推出"旅行通卡"便利日韩短期入境游客境内使用移动支付；支付宝公司、中国银行与网联的外卡境内移动支付方案获人民银行批复认可。跨境电商结算服务扩面增量，引导非银行支付机构规范开展跨境电商人民币结算业务，率先开展银行"系统直连"模式跨境电商外汇业务试点。2020 年，全省电子商务跨境人民币结算量增长 9.8%；全省实现跨境网络零售额 1 023 亿元，增长 32%。

第五节　移动支付之省建设成效

2020 年通过产业各方的共同努力，浙江省移动支付发展稳居全国前列。截至 2020 年底，全省移动支付活跃用户数为 4 386.78 万户，普及率达 75%；全年共发生移动支付业务笔数为 554.58 亿笔、金额为 67.83 万亿元，同比分别增长 22.02% 和 31.74%。

一、场景建设能力进一步加强，移动支付应用更加普及

浙江省稳步推进移动支付应用场景建设，努力实现支付服务内容化、场景化和移动化，各领域场景建设取得积极突破。在公共交通领域，全省所有县级及以上公交车、高速公路收费车道、长途汽车站线下自助机购票、地铁线路和闸机实现移动支付全覆盖。在政务服务领域，"浙里办"平台公积金提取、社保缴查、交通违章罚款，线上线下缴税等全部支持移动支付方式办理，在全国率先实现相关业务"一次不用跑"。在医疗领域，电子健康卡和电子社保卡（医保卡）"两卡融合、一网通办"已覆盖全省 11 市 558 家医疗机构，医保移动支付累计结算 45 万人次，总费用 5 056 万元。在教育领域，全省普通高校、中小学校和幼儿园学杂费缴纳、高校校园商贸和外包食堂全部支持移动支付。在便民生活领域，全省 840 个农贸市场实现移动支付应用，占全省农贸市场的 40.3%；8 400 余个停车场、57 个 4A 级以上景区支持移动支付应用；水电费缴费、博物馆收费全部可通过移动支付办理。

二、移动支付服务下沉县域农村，金融服务功能持续延伸

移动支付在县域公共服务领域的应用得到大力推动，并向农村地区延伸，充分发挥移动支付对普惠金融的积极作用。至 2020 年末，全省共有 10 235 个服务点开通移动支付办理银行卡助农服务，占服务点总数 58.31%，通过银联二维码、手机 Pay 等方式共办理助农业务 109.64 万笔，同比增长 2.2 倍。

依托移动支付推广农户小额普惠贷款，授信覆盖率达到 95% 以上。推动浙江辖内 8 家法人银行机构上线云闪付信用卡还款业务，全年实现交易 1 777 万笔，涉及金额 832 亿元。持续建设并推广浙江省金融综合服务平台，通过浙里办 App "掌上贷" 业务累计授信突破 9 000 亿元，服务企业 86 万家次。

三、云闪付 App 拓展成效显著，品牌影响力不断提升

作为国家金融支付品牌，云闪付 App 不断提升业内影响力，逐步打造用户、商户、银行互为资源、互为渠道、相互赋能的云闪付生态体系。通过产品融合开展机构侧 "一键绑卡" 合作，与银行合作拓宽 "一元购" 营销活动渠道，将金融基础知识普及和竞赛嵌入云闪付 App，促进用户新增与活跃。依托云闪付营销开放平台基础能力，深化云闪付用户权益体系，提升产品粘合力和用户忠诚度。围绕金融服务、生活服务、政务服务三个维度持续丰富云闪付内容，以支付为入口，打通自身产品矩阵、统一产品标准、细化产品形态，为商家数字化升级服务，不断提升用户经营与平台经营能力。

2020 年，全省云闪付 App 累计注册用户 1 694.7 万；用户渗透率 33.89%；累计绑卡用户 1 337.6 万户；年度新增绑卡用户数 450 万户；云闪付 App 支付月活用户 143.5 万户。

MARKET

实务篇

第四章 银联卡发卡市场发展和特点

2020 年银行卡市场继续延续强化风险防控下的稳步发展。一方面金融业"严监管"已步入"常态化",银保监会对银行卡行业合规经营和风险防控要求提高,并且进一步规范了商业银行互联网贷款业务,取消信用卡透支利率上下限;财政部关于信用卡分期业务收入归属息差收入的政策,对银行卡业务发展带来重大影响。另一方面受全国疫情影响,发卡量明显下降,部分银行银标卡占比回升。

第一节　发卡市场交易规模

2020 年，浙江地区银联信用卡和借记卡整体交易规模同比 2019 年均有不同程度的增长，但增长速度呈现放缓趋势。

一、信用卡发卡情况

随着国内信用卡人均持有量进一步提高，部分银行在发卡投入方面逐渐收窄，关注发展信用卡客户所能带来的附加收益，对发卡对象的资质审核更加严格；同时注重将银行理财、信贷类业务向信用卡持卡人开展精准营销。

2020 年浙江省信用卡发卡量约 628 万张，其中银联标准信用卡 529 万张，新增卡量比去年同期下降 39%；新增银标信用卡占比 84%，比 2019 年提高近 1 个百分点。因疫情出境人员减少，部分银行银标信用卡占比有所提高。其中增幅较快的银行，有四大行的中国银行、建设银行，银标卡占比分别提高 9 个百分点、7 个百分点，达到 83%、82%；股份制银行有中信银行、光大银行均提高近 10 个百分点，达到 77%、74%，平安银行提高 7 个百分点，达到 85%，其他银行也有不同程度的增长，但工商银行略有下降。

2020 年全辖区月均全标准活动信用卡 981 万张（每月在银联渠道发生一笔消费清算交易的卡片张数），比 2019 年 1 006.5 万张下降 2.5%；月均银联活动信用卡 773 万张，比 2019 年 780 万张略有降低，月均活动中银标卡占比 78.8%，与 2019 年基本持平。其中平安银行、招商银行、广发银行、中信银行、农业银行、工商银行整体规模较大，排名靠前。详见表 4-1。

表 4-1　2020 年浙江省银联信用卡活动卡量情况表

发卡行	2020年月均活动银标信用卡量/万张	2019年月均活动银标信用卡量/万张	活卡同比	2020年月均活动银联信用卡占比	2019年月均活动银联信用卡占比	活卡占比同比
平安银行	75.74	69.70	8.67%	78.05%	76.85%	1.56%
招商银行	66.26	64.80	2.25%	75.87%	74.39%	1.99%
广发银行	65.55	55.80	17.48%	75.73%	75.18%	0.73%
中信银行	61.29	58.20	5.32%	78.40%	83.53%	-6.14%
农业银行	50.74	59.80	-15.15%	76.06%	73.35%	3.69%
工商银行	50.50	62.10	-18.67%	87.56%	84.99%	3.02%

（续表）

发卡行	2020年月均活动银标信用卡量/万张	2019年月均活动银标信用卡量/万张	活卡同比	2020年月均活动银联信用卡占比	2019年月均活动银联信用卡占比	活卡占比同比
交通银行	49.60	54.90	−9.66%	63.09%	61.71%	2.23%
光大银行	44.89	37.70	19.07%	82.19%	82.20%	−0.01%
民生银行	39.63	39.20	1.09%	83.10%	81.60%	1.84%
建设银行	39.62	42.50	−6.78%	61.36%	57.28%	7.12%
兴业银行	34.67	33.90	2.26%	88.87%	88.27%	0.68%
华夏银行	34.55	35.90	−3.76%	91.31%	90.76%	0.61%
杭州农信	32.24	41.00	−21.36%	100.00%	100.00%	0.00%
浦东发展	27.18	28.70	−5.28%	58.25%	56.02%	3.99%
邮政储汇	25.68	21.30	20.58%	98.88%	98.82%	0.06%
中国银行	24.07	27.90	−13.74%	83.11%	81.57%	1.89%
杭州银行	8.43	4.80	75.60%	100.00%	100.00%	0.00%
上海银行	7.65	6.10	25.40%	93.10%	91.61%	1.63%
浙商银行	7.40	10.00	−25.98%	100.00%	100.00%	0.00%
其他银行	6.17	5.00	23.48%	99.72%	100.00%	−0.28%
浙江泰隆商业银行	4.24	2.50	69.47%	100.00%	100.00%	0.00%
浙江民泰商业银行	4.13	3.70	11.50%	100.00%	100.00%	0.00%
台州银行	3.11	4.50	−31.00%	100.00%	100.00%	0.00%
宁波银行	2.17	2.00	8.49%	99.67%	98.70%	0.98%
温州银行	1.90	3.20	−40.78%	100.00%	100.00%	0.00%
北京银行	1.12	1.20	−6.61%	95.56%	94.10%	1.55%
江苏银行	0.75	0.40	88.00%	100.00%	100.00%	0.00%
金华银行	0.65	0.80	−19.17%	100.00%	100.00%	0.00%
东亚银行	0.60	0.70	−14.20%	100.00%	100.00%	0.00%
汇丰中国	0.50	0.50	0.01%	100.00%	100.00%	0.00%
恒丰银行	0.37	0.20	86.90%	100.00%	100.00%	0.00%
花旗银行	0.35	0.40	−11.94%	100.00%	100.00%	0.00%
渤海银行	0.21	0.20	3.57%	100.00%	100.00%	0.00%
南京银行	0.19	0.10	92.17%	100.00%	100.00%	0.00%
上海农商行	0.11	0.10	9.13%	100.00%	100.00%	0.00%
浙江稠州商业银行	0.08	0.10	−20.43%	100.00%	100.00%	0.00%
绍兴银行	0.08	0.10	−24.58%	100.00%	100.00%	0.00%
渣打银行	0.05	0.10	−45.71%	100.00%	100.00%	0.00%
湖州银行	0.02			100.00%		
福建省海峡银行	0.01			100.00%		
天津滨海农商银行	0.00			100.00%		
合计	772.50	780	−0.96%	78.78%	77.49%	1.66%

2020 年全辖区信用卡交易总金额 14 643.36 亿元，比 2019 年增长 19.1 亿元，其中银标信用卡 11 291.80 亿元，比 2018 年增长 393.96 亿元，银标卡占比 77%，比 2018 年提高 2 个百分点。其中平安银行、招商银行、民生银行、光大银行、广发银行银标信用卡交易规模较大，排名靠前。详见表 4-2。

表 4-2　2020 年浙江省银联信用卡交易量情况表

发卡银行	2020年银标信用卡金额（亿元）	2020年信用卡金额（亿元）	2020年信用卡金额占比	信用卡占比同比	2020年银标信用卡金额排名
平安银行	1 094.52	1 426.90	77%	1%	1
招商银行	839.46	1 182.41	71%	4%	2
民生银行	792.26	1 009.18	79%	2%	3
光大银行	775.64	1 034.90	75%	5%	4
广发银行	762.33	1 030.32	74%	3%	5
中信银行	740.31	925.85	80%	0%	6
交通银行	644.10	1 072.59	60%	2%	7
建设银行	623.51	932.68	67%	5%	8
兴业银行	622.71	721.22	86%	1%	9
农业银行	618.36	861.22	72%	4%	10
华夏银行	546.16	585.46	93%	0%	11
工商银行	531.82	668.21	80%	3%	12
浦东发展	525.42	883.39	59%	2%	13
浙江农信	470.53	470.53	100%	0%	14
中国银行	386.65	507.50	76%	2%	15
邮政储汇	266.07	269.67	99%	0%	16
台州银行	131.18	131.18	100%	0%	17
浙江民泰商业银行	125.94	125.94	100%	0%	18
浙商银行	114.82	114.82	100%	0%	19
宁波银行	103.58	103.89	100%	1%	20
浙江泰隆商业银行	82.67	82.67	100%	0%	21
上海银行	81.73	89.98	91%	1%	22
温州银行	81.36	81.36	100%	0%	23
杭州银行（借）	41.70	41.70	100%	0%	24
广州银行	36.14	36.14	100%	0%	25
北京银行	15.65	16.48	95%	2%	26
山西尧都信用社	14.74	14.74	100%	0%	27
安徽农信社	14.52	14.52	100%	0%	28
鄞州银行	12.02	12.02	100%	0%	29

（续表）

发卡银行	2020年银标信用卡金额（亿元）	2020年信用卡金额（亿元）	2020年信用卡金额占比	信用卡占比同比	2020年银标信用卡金额排名
中原银行	11.81	11.81	100%	0%	30
花旗银行	9.59	9.59	100%	0%	31
江苏银行	8.71	8.71	100%	0%	32
东亚银行	8.48	8.48	100%	0%	33
汇丰中国	7.77	7.77	100%	0%	34
金华银行	7.55	7.55	100%	0%	35
全省合计	11 291.80	14 643.36	77%	2%	

二、信用卡交易规模

2020 年，浙江地区银联信用卡跨行交易笔数 4.1 亿笔，较 2019 年减少 0.63 亿笔，跨行交易笔数减少 13%，从增长率来看，近 5 年信用卡跨行交易增长速度逐渐放缓，2020 年首次出现负增长情况。详见图 4-1。

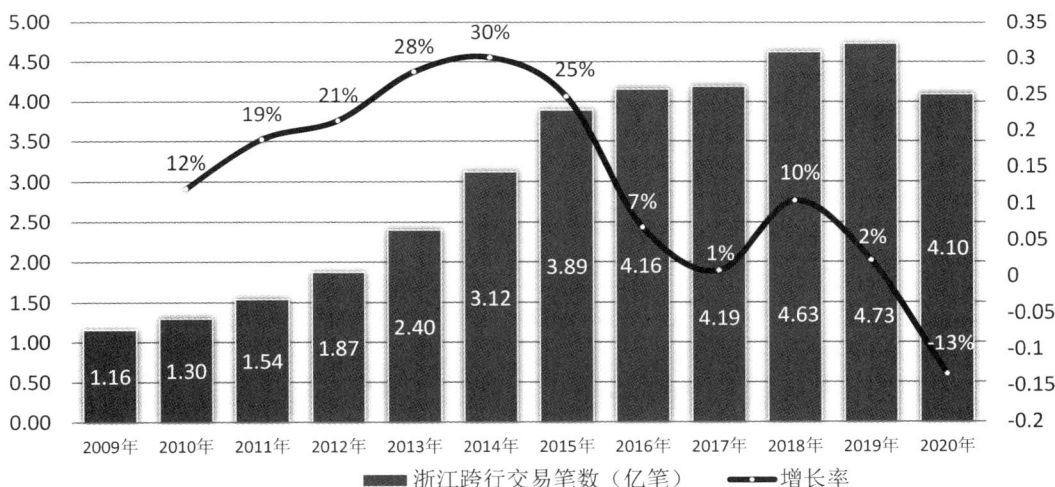

图 4-1　浙江省信用卡跨行交易笔数及增速

2020 年，浙江地区银联信用卡跨行清算交易金额为 1.804 万亿元，比 2019 年减少 0.066 万亿元，信用卡跨行清算交易金额减少 3%。从增长率走势看，近 10 年来，信用卡跨行清算交易金额首次出现负增长。详见图 4-2。

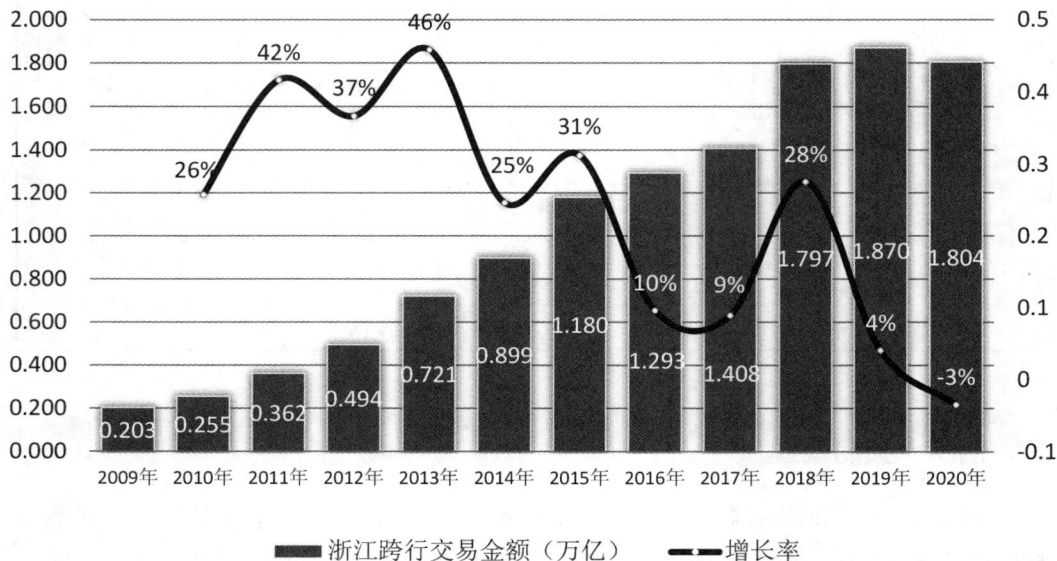

图 4-2　浙江省信用卡跨行交易金额及增速

三、借记卡交易规模

2020 年，浙江地区银联借记卡跨行交易笔数 5.07 亿笔，比 2019 年减少 3.05 亿笔，同比下降 38%，呈直线下降趋势。从走势上看，近 5 年银行借记卡跨行交易笔数的增长率波动起伏较大。详见图 4-3。

图 4-3　浙江省借记卡跨行交易笔数及增速

2020 年，浙江地区银联借记卡跨行清算交易金额为 11.059 万亿元，比 2019 年增长 1.521 万亿元，同比增长 16%。从走势上看，交易金额的增长速度下降了 26 个百分点。详见图 4-4。

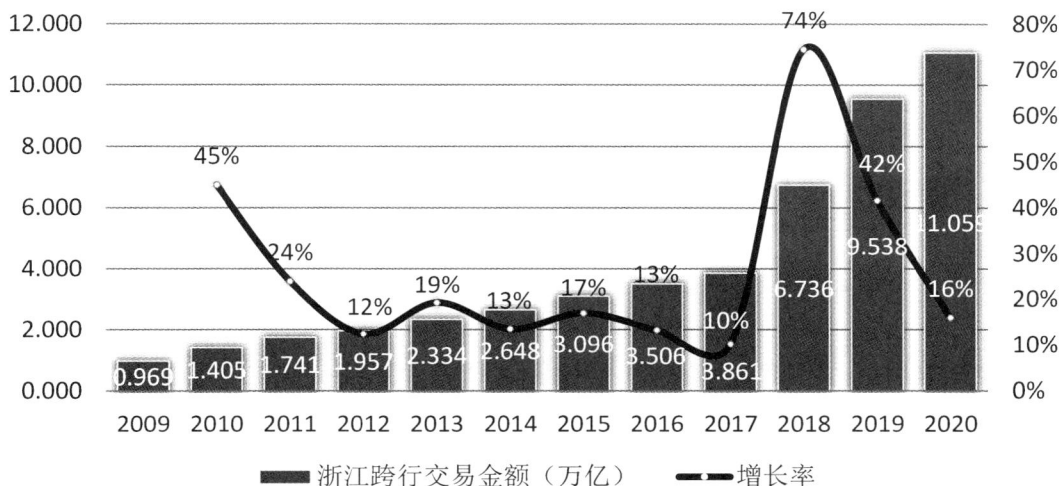

图 4-4　浙江省借记卡跨行交易金额及增速

第二节　银行卡发卡业务创新

银行卡的普及应用从 POS 受理和银行 ATM 自动柜员机的传统领域，到智能终端支付和互联网支付，再到无卡产品的场景应用，支付手段不断创新，"支付为民"理念不断得到彰显。中国银联与商业银行等银行卡产业各方，持续推动银行卡的支付业务创新，持续提供更加便捷的支付工具，持续扩大银行卡支付的应用领域和应用场景。在疫情防控常态化下，为积极响应国务院办公厅印发的《关于以新业态新模式引领新型消费加快发展的意见》，促进新型消费蓬勃发展，中国银联和商业银行在发卡业务中积极适应消费市场新的要求，突出银行卡服务新的特点，努力提升服务消费者的综合性和系统安全性，保证银行卡服务的健康发展。

一、线上用卡需求增加，虚拟卡发展步伐加快

新冠疫情促进了线上支付、线上用卡需求爆发式增长。根据中国人民银行发布的《2020 年第三季度支付体系运行总体情况》显示，前三季度，中国银联共处理电子支付业务 649.77 亿笔，金额 696.44 万亿元。其中，网上支付业务 242.44 亿笔，金

额 551.60 万亿元，同比分别增长 12.56% 和 11.29%；移动支付业务 344.95 亿笔，金额 116.74 万亿元，同比分别增长 26.48% 和 35.57%。

从以上数据可以看到，不仅银行账户数量增速回升，个人银行账户数量持续增长，电子支付方面移动支付笔数增幅达到 33.61%，银行卡业务不降反升。从传统的磁条卡到 IC 卡再到无实体卡，基础变革极大地突破传统的银行卡形态。银行卡不再基于一种介质，发卡模式更加多样，虚拟卡在支付安全得到保证的前提下极大提高了便利性。不仅如此，2020 年中国银联和产业各方结合市场需求和业务特点，研发并发布了适应数字化支付的首款数字银行卡产品——银联无界数字银行卡，成为推动支付服务数字化升级的又一创新实践。

二、个性化服务需求增加，用户黏性不断提升

随着移动支付进入成熟期，银行卡产业不仅要顺应数字化发展趋势，还要通过数字化手段融合银行卡实体产品和线下场景并行，不断优化个性化服务需求，其中针对商旅、女性、年轻等主力消费人群的主题卡产品系列，形成了覆盖居民日常消费需要的丰富卡产品体系。面对年轻人群，联合交通银行、招商银行等推出多种动漫与游戏信用卡，联合华夏银行发布电竞联名信用卡，深受广大年轻用户欢迎。

面对商旅人群，中国银联卡权益服务覆盖全部场景，为持卡人带来省心体验。无论是在出行前、旅途中还是到达目的地后，全场景金融服务让每位持卡人尽享旅途时光。同时，中国银联还根据不同生活场景，发行了健康保障、人文娱乐和至臻生活等不同主题的核心产品与服务，最大程度实现数字经济对人们日常生活的覆盖。

三、线上消费需求增加，推动市场多方合作

由于发卡模式丰富，用卡模式扩展，市场参与主体也随之增多，因此跨行业合作是未来银行卡产业发展的必然选择，中国银联和商业银行发挥自己的网络基础服务优势，开放管理模式，联合产业各方，通过建设互利共盈的合作关系，推出满足客户更加多元化需求的支付产品。

2020 年，中国银联联合商业银行持续深耕产品功能与场景建设，银行卡产品服务体系进一步完善。2020 年浙江地区云闪付 App 累计绑卡量 1 832 万张，其中 2020 年新增绑卡 632 万张，全年云闪付月均活跃用户数 250 万户。移动便民支付服务全方位覆盖百姓生活。不仅启动"重振引擎"助商惠民计划，惠及全国小微企业和消费者；还进一步完善银行卡产品体系，通过小微企业卡、乡村振兴卡、长三角主题卡等产品服务小微、农村、长三角客群；中国银联与合作伙伴们一同夯实银行卡服务民生的丰富场景，使"安全、便捷、高效"的银行卡服务践行"支付为民"理念。

四、农村金融服务需求增加，农村市场业务快速发展

近年来，为了贯彻农村地区普惠金融国家战略，配合推进农业现代化、城镇化进程，支付工具作为金融的重要组成部分，在农村地区消费金融、农业供应链金融、农村信贷、大数据服务等方面作用日益突出，推动了我国农村金融市场体制的完善。2020 年，面对新冠疫情带来的不利情况，中国银联浙江分公司在省内各级人民银行的领导、支持下，继续借助移动支付便民工程，联合产业各方，通过在地市行业拓展、商圈建设、街区打造、助农点升级、为专业批发市场提供综合解决方案等方面入手，全力抓好受理市场环境建设，扩大银联移动支付市场占比，增加与商户黏性，培育持卡人移动支付习惯。

第三节　无界卡业务发展趋势

为打造银联数字银行卡产品体系，中国银联浙江分公司于 2020 年 8 月推出无界卡业务，无界卡以云闪付 App、手机银行为产品申请和管理的主入口，联合手机厂商、核心场景作为引流渠道，整合银联 Token2.0、卡码合一等创新支付应用，结合境内境外商圈优惠等权益，推进银行卡促活、推动银行卡数字化进程。

一、无界卡的设计理念

无界卡以"支付无界、创新无境"作为产品设计思路，以"无界"为产品名称，支持借记卡、信用卡两类卡性质，并以移动端申卡、用卡作为主渠道，卡片正面可尝试不印制卡号、卡号有效期等信息，银联标识、银行 LOGO 尝试后置，同时增加可查询卡片信息的二维码，卡面呈现时尚大气的高级感。无界卡联合境内外线上线下优质商户建设用卡优惠商圈，提升银联卡活跃度，并配备专属的权益服务，提升持卡人的用卡黏性，提升持卡人用卡体验。

目前持卡人主动绑卡模式支持银行包括建行、民生、中信、招行、浦发 5 家全国性银行，以及 11 家区域性银行，平安、交行正在内测中。工行、邮储、农行 3 家全国性银行支持银行批量绑卡模式。

二、无界卡的设计特点

无界卡不仅拓展了银行卡产品的内涵和外延，同时还具备四大突出特点：无界卡为传统银行卡赋予了数字形态，通过数字化服务，满足用户消费、存取现、转账、手机闪付、条码支付等多元化支付需求；无界卡发卡和用卡更加高效便捷，境内外用户

可以通过云闪付 App、商业银行 App 或手机钱包等多种渠道快速申卡、绑卡和用卡，优化用户用卡体验，同时实现卡码合一，可手机一键调取无界闪付卡和无界卡二维码，任选手机闪付或二维码支付；无界卡更加安全可靠，通过支付标记化、通道加密、实时风控等全方位的技术手段，对卡号、有效期等信息进行全程防护，保障用户的资金与信息安全；无界卡助力跨行业合作和场景的互联互通，借助 Token2.0 数字支付体系，用户可以自主选择将数字银行卡推送到电商、公交、手机钱包等支付场景，并配套丰富的专属卡权益，构建互联互通的数字支付生态。

无界卡的推出，不仅持续丰富完善银联卡产品体系，更是打通线上线下，联合产业各方共同打造全方位多层次的支付链条，构建互联互通数字支付生态的创新举措。在为持卡人提供一站式支付解决方案的同时，为产业各方提供新的参与模式，帮助企业加速数字化升级，聚合用户需求提供个性化交易和服务，从而提升用户黏性，并为支付行业迭代升级提供巨大助力。

三、无界卡的发展趋势

作为具有全球影响力的开放式平台型综合支付服务商，中国银联联合商业银行，在新技术、新场景方面不断创新实践，不断完善卡产品体系，提升权益服务水平持续提升。

（一）配备权益服务体系

未来，根据无界卡产品线上化、移动化特性，以线上场景为主，线下场景为辅，计划优选航空出行、便利购物及跨境电商等场景构建境内外优惠商圈。结合二维码创新技术在卡上的应用，在持卡人申请配发的实体卡面，扫描背面二维码可方便的查询卡号与有效期，满足持卡人对于卡片支付与管理等诉求，大幅提升持卡人用卡趣味性，强化用户体验。通过兼顾平台型基础权益和动态权益，为持卡人配置丰富的用卡权益服务，例如根据持卡人消费特征和银联系统内交易贡献情况，配置互联网会员、视频影音游戏、跨境优惠及用卡保险等动态权益库资源，提升持卡人用卡黏性。

（二）建设支付生态圈

联合重点行业及商户构建无界卡线上线下支付生态圈。叠加出行、购物、娱乐、生活等场景，打造用卡便利、支付优惠、发卡引流等全方位生态系统，并持续扩大生态圈，大数据精准推送宣传，用户深度经营。

第五章 银联卡受理市场发展和特点

2020 年，浙江省银行卡受理市场业务，一方面由于受到新冠疫情影响和监管市场环境净化的影响，受理市场业务受到较大的冲击，另一方面产业各方面对严峻的形势，积极开展受理市场基础设施建设，加大移动支付应用场景建设，积极开展多方合作，确保浙江省银行卡受理市场的健康稳定发展。

第一节　银联卡受理市场交易规模

2020 年，受到新冠肺炎疫情对支付产业发展的冲击，银联卡受理市场在监管规范、开放竞争的产业环境下，跨行交易总体上整体呈下降趋势。2020 年浙江银行卡总体交易笔数较上年降幅较大，但银行卡交易金额较上年仍呈增长趋势。

一、银行卡跨行交易整体情况

2020 年，浙江地区银联网络银行卡跨行总体交易笔数为 10.43 亿笔，较上年下跌 30%，增长率较上年下降 37%。从走势上看，受疫情影响，2020 年银行卡跨行交易笔数呈直线下降趋势。详见图 5-1。

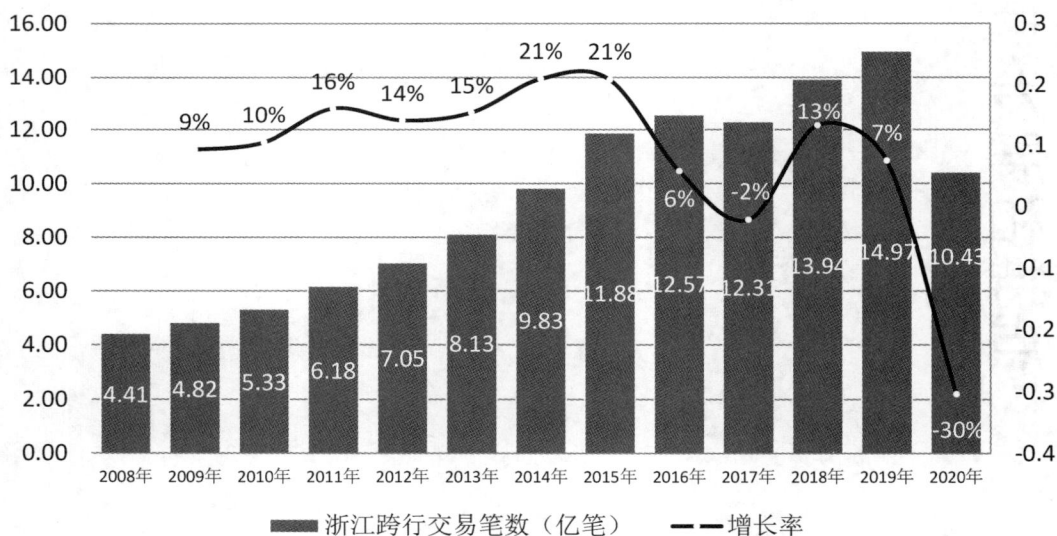

图 5-1　浙江省银行卡跨行交易笔数及增速

2020 年，浙江省银行卡跨行交易笔数中借记卡交易笔数较上年下降 38%，其交易笔数在银行卡总体交易中占比 55%，较 2019 年下降 8%，信用卡跨行交易笔数较上年下降 13%，信用卡交易笔数在银行卡总体交易中占比 45%，占比较 2019 年有所增长。详见图 5-2。

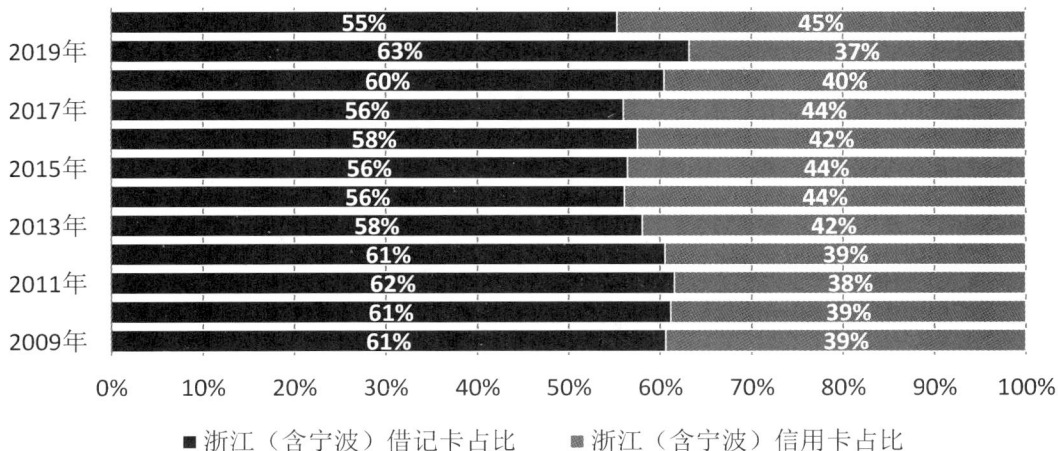

图 5-2　浙江省银行卡跨行交易笔数卡性质占比

2020 年，浙江地区银联网络银行卡跨行总体交易金额为 12.86 万亿元，较上年增长 13%，增长率较上年下降 21%。从走势上看，银行卡跨行交易金额增速适度放缓。详见图 5-3。

图 5-3　浙江省银行卡跨行交易金额及增速

2020 年，浙江省借记卡跨行交易金额为 11.1 万亿元，较 2019 年增长 15%，信用卡跨行交易金额为 1.8 万亿元，较 2019 年下降 4%。浙江省银行卡跨行交易金额中借记卡交易金额占比 86%，较上年增长 2%，信用卡交易金额占比相应下降。详见图 5-4。

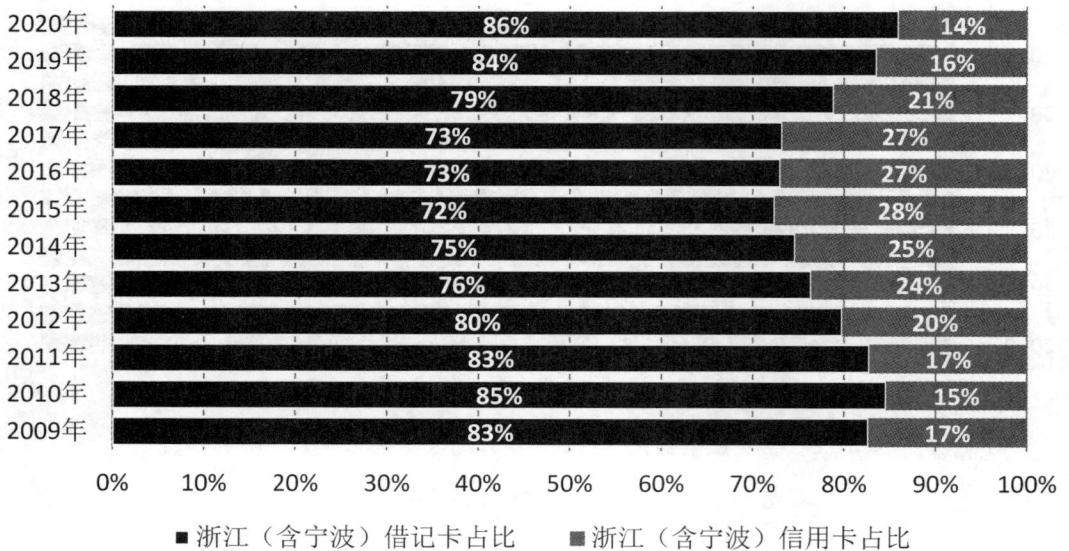

图 5-4　浙江省银行卡跨行交易金额卡性质占比

二、POS 渠道交易整体情况

2020 年，浙江地区银联网络 POS 总交易笔数为 5.03 亿笔，环比下降 29%，增长率较上年下降 24%。从交易体量走势上看，POS 总交易笔数受疫情影响较大，降幅明显。详见图 5-5。

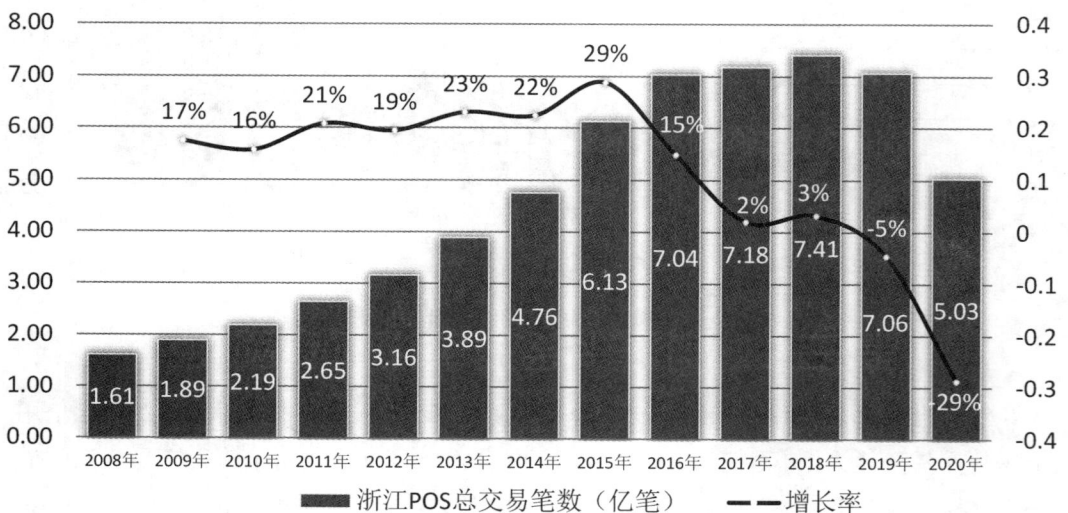

图 5-5　浙江省 POS 总交易笔数及增速

2020 年，浙江地区银联网络 POS 总交易金额为 3.55 万亿元，同比下降 4%，增长率与上年基本持平。受疫情冲击以及移动化迁移和第三方支付机构强监管影响，从交易量走势看，POS 总金额持续缓慢下降。详见图 5-6。

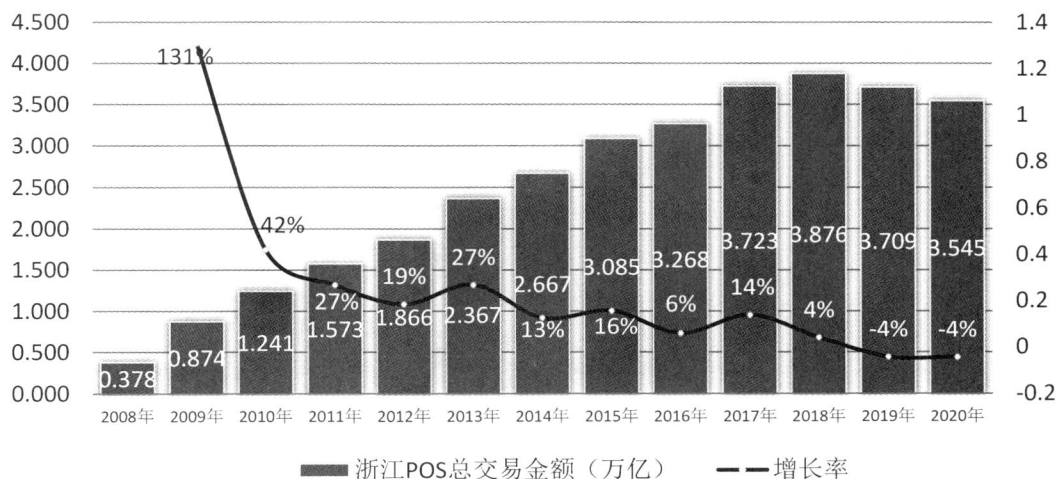

图 5-6　浙江省 POS 总交易金额及增速

三、ATM 渠道交易整体情况

2020 年，浙江地区银联网络 ATM 总交易笔数为 1.25 亿笔，同比下降 31%，增长率较上年下降了 4%。从交易体量走势上看，2020 年 ATM 总交易笔数依旧保持下降趋势。详见图 5-7。

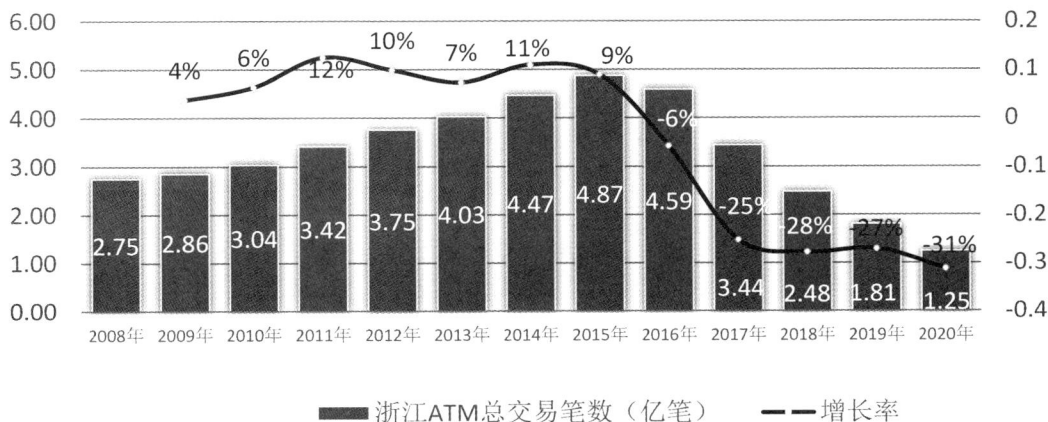

图 5-7　浙江省 ATM 总交易笔数及增速

2020 年, 浙江地区银联网络 ATM 总交易金额为 0.146 万亿元, 同比下降 28%, 下降速度较上年增加 3%。从交易量走势看, 自 2017 年以来, ATM 总交易金额呈现连续四年下降趋势。详见图 5-8。

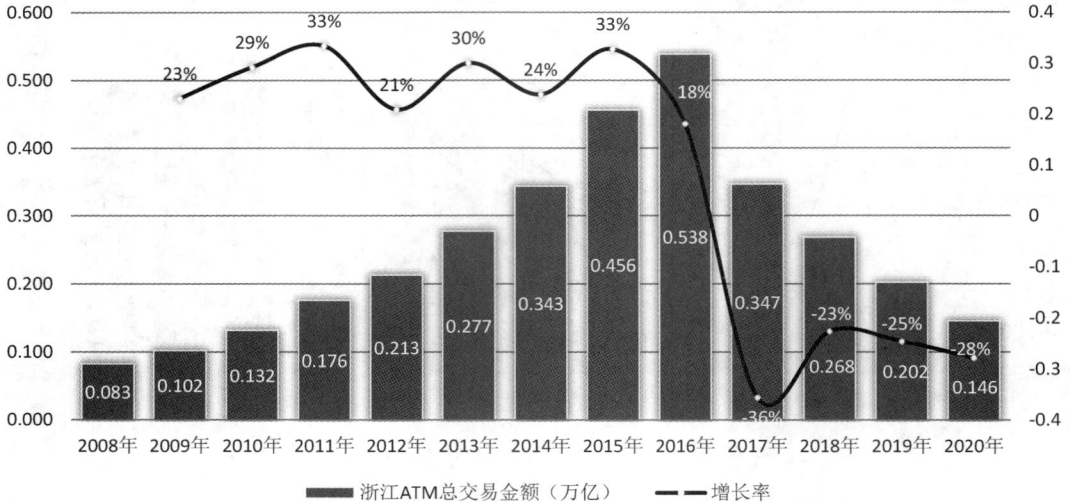

图 5-8　浙江省 ATM 总交易金额及增速

第二节　移动市场业务发展

2020 年, 在新冠疫情冲击下, 中国银联浙江分公司移动支付市场整体交易情况有所下降, 手机 NFC 交易整体情况下降幅度较大, 较上年下降 44%, 二维码交易笔数较上年下降 13%。

一、手机 NFC 交易整体情况

2020 年, 浙江地区银联网络手机 NFC 总笔数为 4703 万笔, 较上年下降 3 631.5 万笔, 较 2019 年下降 44%。详见图 5-9。

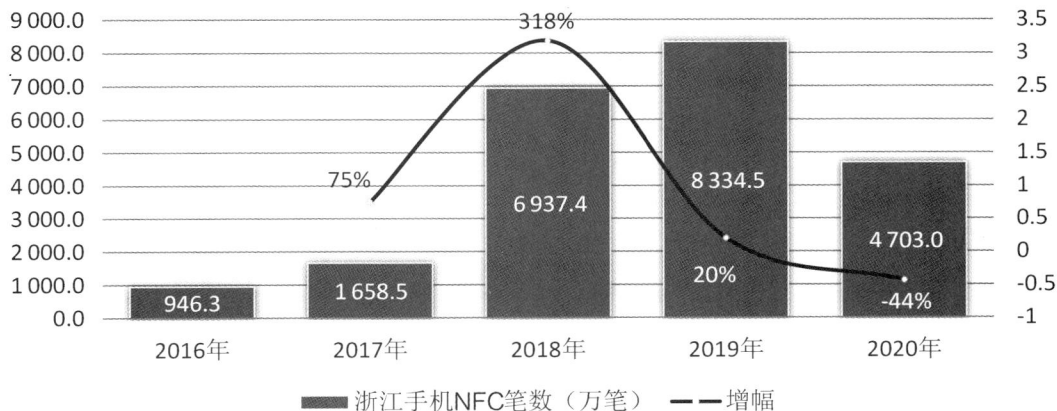

图 5-9　浙江省手机 NFC 总交易笔数及增速

　　从月明细数据来看，2020 年受疫情冲击，浙江省 NFC 移动支付笔数在 2 月出现最低点后缓慢回升。2020 年 1 月 NFC 移动支付笔数为年内单月最高值，实现 471 万笔，但与 2019 年 1 月相比，同比下降 49%，下降幅度明显。详见图 5-10。

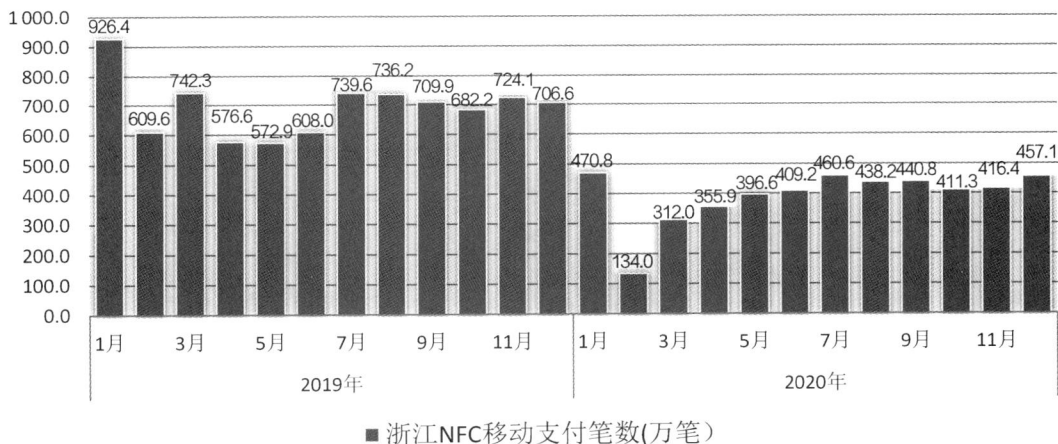

图 5-10　2019-2020 年浙江省 NFC 移动支付笔数月明细

二、二维码交易整体情况

　　2020 年受疫情影响，浙江地区银联网络二维码总交易规模较上年有所回落，交易笔数 2.1 亿笔，较 2019 年下降 0.3 亿笔，降幅 13%。详见图 5-11。

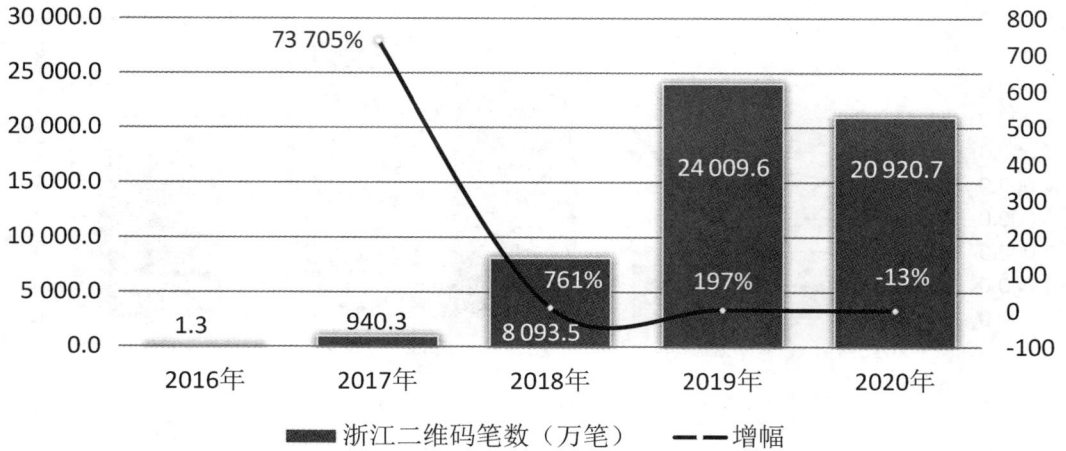

图 5-11 2016-2020 年浙江省二维码交易笔数及增幅

从月明细来看，受疫情影响，2020 年浙江省二维码交易笔数自 2 月降至低点后开始逐渐回升。2020 年第一季度二维码笔数同比 2019 年下降 15.7%，第二季度同比下降 0.7%，回升速度较快。2020 年 9 月二维码交易笔数达到年内单月最高值，实现交易 2 404.2 万笔，但与 2019 年 9 月相比仍相差 57.4 万笔，差距明显。详见图 5-12。

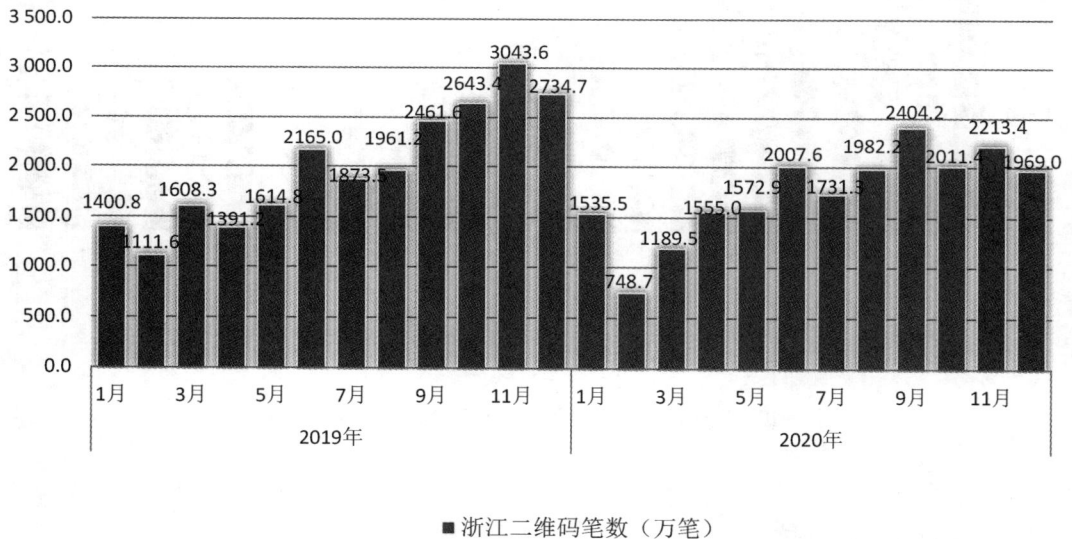

图 5-12 2019-2020 年浙江省二维码交易笔数月明细

第三节　银联卡受理市场业务创新

2020年，为提升受理市场的份额，中国银联浙江分公司采取了多角度、多渠道措施，通过加大收银员推荐、强化客户引导使用支付产品力度、大力拓展手机控件受理商户、整合资源共同投入等方式推进业务开展。

一、收银员推荐工作

为提高收银员推广银联产品和发展云闪付 App 用户的积极性，做好银联产品受理的最后一公里，中国银联浙江分公司在人民银行杭州中心支行的指导和支持下，联合各收单机构、服务商以及商户等行业各方，通过线下师资力量的培训、收银员积分活动和红包码的激励，扩大银联移动支付品牌影响力，促进银联移动支付业务发展。开展收银员积分兑换好礼活动，新注册云闪付收银员，送10元话费，收银员每受理1笔银联二维码和手机闪付交易，即可获得1元等值积分，积分可兑换话费、购物卡等超级大礼。收银员拓展云闪付 App 用户给予奖励，每邀请1名新用户，可获得8~2 020元红包奖励。通过红包码产品，同步开展用户侧和收银员侧激励活动，大大提高了银联二维码交易。下一步，中国银联规划建设收银员成长体系，为收银员提供权益增值服务。

二、推进商户等三方机构合作

2020年，为进一步推进与商业银行开展线上业务合作，不仅与工、农、中、建等国有银行开展相关业务的线上合作，同时也积极与华夏、浙商等股份制银行和其他支付机构紧密开展合作，多式并举，确保移动支付受理市场业务发展。

大力拓展手机控件（云闪付 App 支付、Pay 支付和线上统一收银台）的受理商户。针对手机控件接入阶段，引入专业化拓展机构，为商户提供接入技术和运营服务支持，提高商户接入手机控件的效率。与银行机构合作，整合资源共同投入，发挥云闪付控件调起银行手机银行支付的优势，加大资源投入，联合开展营销。针对蘑菇街、网易严选、一点万象、小商品城等存量头部商户，开展全年铺底营销。整合银行手机银行资源，发挥云闪付控件调起银行手机银行支付的优势，加大资源投入，联合开展营销。建立激励机制目标是拓展小额高频领域的场景，结合交易笔数进行激励。探索创新线上联合会员模式。将刚需场景与银联权益深度结合，不断培养用户使用银联支付产品习惯，增强用户黏性。

三、完善技术规范性

2020 年以来，虽然新冠肺炎疫情给全球产业链造成了一定冲击，但我国经济长期向好的发展趋势未有改变。在全球经济增长和中国经济结构调整的宏观背景下，中国银行卡产业继续稳步发展，应用领域和应用范围不断扩大，产业服务实体经济效率持续提升。银行卡技术标准作为银行卡产业各方共同遵守的技术依据，对协调与统一银行卡支付领域中的技术事项，推动产业发展起到了至关重要的作用。

（一）银联乘车码对外赋能

公交、地铁出行是移动支付便民工程的重要场景，为提升用户的出行体验，支持用户绿色出行，基于《中国银联二维码支付技术规范》，中国银联于 2018 年 12 月底在云闪付 App 推出针对交通行业的二维码产品——银联乘车码，此后，工商银行、建设银行参照此项技术标准，于 2019 年 10 月，分别在工商银行"融 E 联"、建设银行手机银行上完成了乘车码的上线。为了向公交、地铁行业方，成员机构、手机厂商等移动应用方提供行业码支付的统一技术标准，2020 年 7 月，中国银联正式发布《中国银联交通行业二维码支付技术规范》，明确了银联乘车码的技术标准，即采用脱机生成、脱机验证的"双离线"模式，能为用户带来"先乘车，后扣款"良好体验，交易时间控制在 200ms 以内，并且不包含金融敏感信息，仅包含行业方信息，安全性高。截至 2020 年 11 月底，银联乘车码已在全国 200 余个地市公交、16 个城市地铁上线应用。

2019 年，杭州地铁、杭州公交以及杭州水上巴士陆续开通银联乘车码。为了给用户带来无须切换、一码通行的便捷乘车体验，中国银联浙江分公司先行先试，基于银联乘车码提出公交地铁"两码合一"的解决方案，方案综合了银联乘车码的公交电子客票和地铁优惠券的营销能力。2020 年 10 月 23 日，杭州公共交通银联乘车码"即云闪付乘车一码通"在云闪付 App 首次出现并试运行，于 2020 年 12 月 9 日正式全国首发，截至 2021 年一季度末，开通用户数突破 53 万户。

（二）银行卡受理终端安全管理

人民银行为加强监管力度，防范洗钱、欺诈等非法交易风险，改善境内银行卡受理环境，发布"银发〔2017〕21 号文"和"银发〔2019〕85 号文"，进一步加强支付结算管理，强化特约商户与受理终端管理。中国银联积极营造安全用卡的受理环境，助力支付产业持续健康发展，具体包含如下两个方面：

1.优化特约商户信息共享联防机制

中国银联基于银联海量商户数据，为成员机构落实监管要求，加强特约商户管理，提供技术支持，于 2019 年 12 月通过中国银联开放平台发布商户信息共享联防机制查询接口。成员机构在拓展特约商户前，可通过调用 API 接口查询该商户签约、更换收单机构情况和黑名单信息，落实"先查询、后注册"的要求。目前，该接口支持单机构每天 1 万次的调用规模。

2.强化受理终端管理

为落实人民银行关于终端地理位置实时监测的要求，积极推动受理终端移机风险监控，中国银联已于 2019 年 5 月发布《移动受理终端上送地理位置信息技术指南》，供成员机构参考和使用；并于 2019 年 6 月发布支持终端地理位置信息上送的银联直联终端统一版程序，助力终端程序的改造升级。自 2020 年 12 月起中国银联支持通过银行卡网络每日向成员机构提供《直联终端地理位置信息明细报表》，为成员机构开展受理终端移机风险监控赋能。

第四节　受理市场的网格化管理

2020 年 11 月，为积极探索云闪付受理市场商户运营服务新模式，中国银联浙江分公司作为试点分公司之一，在总公司云闪付事业部的指导下，联合 3 家地推服务商共同开展网格化地推运营项目。以网格化工具和能力为抓手，探索发卡行、收单机构、商户的联动机制。截至 2021 年 3 月，累计采集并运营商户近 3 万余户，商户池可受理商户占比 72%。

一、商户运营数字化转型

在 2020 年网格化地推运营工作成果上，建设云闪付本地服务版块，将网格化运营商户池的优质商户向线上转移，实现基于用户位置信息匹配和商户业态分类结合的展示模块，提供商户发券、受理、宣传等功能。鼓励服务商参与商户运营收益模式探索，实现共同经营、共享收益。

二、加强队伍建设和人才培养

通过开展劳动竞赛、人才培养计划、新任务（收入来源）发布等方式，鼓励地推人员发挥主观能动性，把地推运营工作作为个人事业去对待，积极投入到方案制定、实施、评估和完善等整个项目周期中来，建设培养一支稳定的市场铁军。

三、充分联动收单机构

商户采集工作中涉及的未受理商户，统一招引合作密切、执行力强的收单机构，予以拓展并参与运营。同时鼓励收单机构投入资源开展个性化营销，或提供专人与团队，在商户池的基础上，归并整理建设商圈和特色街区，吸引银行参与发卡和用卡营销。

四、提升交叉引流能力

初步构架"交通+"场景生态，通过高频出行场景向传统商圈引流赋能。结合网格化运营数据，以商圈为核心，集聚社区民生小店和网红特色店，实现跨场景、跨业态引流，提升支付赋能和商户经营能力。

第五节　银联卡受理市场发展趋势

2020 年，随着国内疫情逐步得到有效控制，消费者对数字化产品的诉求和接受度显著提升，同时受到行业内移动数字支付快速变革影响，浙江省银行卡受理环境进一步扩大向移动端迁移。此外，通过对支付产业的需求变化进行持续跟踪与研判，银联卡受理市场积极跨场景引流并注重提升产品体验。未来，伴随着国内各新兴互联网企业纷纷获得牌照，市场竞争愈加激烈，差异化发展或将到来。

一、受理环境数字化，支付行为移动化

近年来，由于商户自身经营模式从传统模式向数字化产业链模式发展，支付方式从 POS 终端刷卡向手机支付、无感支付发展，商户服务从提供支付结算服务向提供全产业链解决方案发展，支付终端形态从传统 POS 和扫码枪向智能 POS、App、小程序和公众号等移动支付终端转变，商户自身经营数字化这一趋势也带来了受理环境朝着数字化发展，支付行为朝着移动化发展。2020 年，中国银联浙江分公司在受理市场不断加强数字化场景建设，在公共交通方面，在全国首发"乘车一码通"，使用一码通实现公交、地铁、水上巴士等公共交通出行。在校园场景方面，累计与 69 所高校合作开通移动支付。在政务场景方面，与浙里办 App 深度融合，新增接入 34 项便民缴费应用。在菜场场景方面，积极推动农贸市场举办方、经营户布放二维码和移动受理终端，并接入头部生鲜平台联华鲸选 App、网上农博 App。围绕人们的吃喝住行的支付需要，新增餐饮品牌 49 个，1 393 个门店，以及高铁场景云闪付扫码点餐等受理场景，围绕"浙里好玩"开展文旅业务，逐步覆盖全省 57 个 4A、5A 级景区。截至 2020 年底，全省移动支付交易笔数 2.77 亿笔，较去年同期上升 6%。移动活跃商户数 6.61 万户，同比增长 0.3%。

二、跨场景引流待发展，更加注重用户体验

由于传统引流营销触达用户方式有限，用户感知不佳，票券核销率低，因此精细化跨场景引流营销方式呼之欲出。面向高频小额消费场景，例如公交地铁等出行场景，交叉引流方式需更注重客户体验，不断优化产品功能。必须利用互联网数字化技术快速收集用户反馈，掌握产品的痛点和定位，及时优化体验，必须多角度探索跨场景引流，根据反馈效果不断深挖市场，积极探索更优质的引流方式。具体策略上可以积极探索优选引流目标用户层面，通过点亮品牌粉丝优选引流客户；细化目标用户特点，有针对性一对一设计引流举措；聚焦用户核心消费时间，选择用户核心消费时间点，提升用户消费关注度；卡位用户核心消费点，推进用户持续引流；点亮优势消费空间，刷新用户消费感知，点亮优势消费；聚焦品牌核心消费场所层面，布置品牌化网店 / 门店；提升客户兴趣度层面，激活客户消费欲望，满足客户消费，提升客户兴趣度；点亮新老客户消费价值及分享价值，以老带新促增长。

三、市场竞争激烈，差异化发展或将到来

2021 年，支付市场将不断走向规范，市场创新与业务风险的良性平衡也将得到进一步巩固。当前国内受理市场在严监管下进一步得到规范，《非银行支付机构条例（征求意见稿）》强化了支付领域反垄断监管措施。与此同时，拼多多、字节跳动、快手、京东数科等拥有稳定、海量用户流量入口的新兴互联网企业在 2020 年获牌后，将快速参与到支付受理和业务拓展，带来激烈的市场竞争。受理市场要取得突破性业务进展，需要对受理场景进行持续发掘与研究实现差异化发展。借助政府在大力推进城市与社会的数字化治理、企业数字化转型等市场变化趋势，可加速涉足企业应收应付业务领域，帮助提升企业间收付应付账款支付效率，深耕 B2B 产品应用。积极探索和构建新的商业模式，伴随着商户数字化经营的需求，为其提供行业解决方案和各类增值服务。

第六章 移动支付业务发展和特点

2020年，受新冠疫情影响，浙江省移动支付业务与全国形势一样，也在一定程度上受到冲击，各项业务均有不同程度的下降。2020年，浙江省移动支付业务交易笔数为13 062万笔，交易金额为3 937亿元，同比分别下降10%和4.2%。云闪付App控件支付、手机Pay等前台消费类产品交易笔数共1 046万笔，在线支付（手机控件、wap和pc支付等前台产品）收入同比下降74%。

第一节 移动支付便民工程

在人民银行杭州中心支行的领导下，2020 年，中国银联浙江分公司联合产业各方积极应对疫情冲击，迎难而上，以市场为导向，以客户为中心，以创新为引领，持续深耕移动支付便民工程场景建设。

一、继续构建开放生态

2020 年，为继续推动移动支付的快速发展，积极构建更加开放的生态系统。在移动支付新增活跃用户方面，积极推动"一键绑卡"，积极拓宽"一元购"等活动。在移动支付用户权益方面，为深化云闪付用户权益建设，推出新用户权益包、浙里好券等用户权益。在移动支付内容经营方面，在云闪付 App 中新增"周四抢券""折扣券""惠享美食""乡村振兴"主题板块，拓展接入 19 家云闪付商户小程序。积极打造本地生活服务平台，丰富云闪付用户线上场景，截至 2020 年末，中国银联浙江分公司累计对接内容 27 类 42 项。在移动支付风险防范方面，为正确引导用户建立金融产品安全观，中国银联浙江分公司开展浙江省支付结算知识有奖竞答活动、整治拒收人民币现金知识有奖竞答活动。

二、继续推进应用场景建设

（一）持续加大公交地铁产品创新

2020 年，杭州公交地铁使用银联卡支付交易突破 7 000 万笔，并实现浙江全辖县区公交、轻轨受理银联支付全覆盖。并在高铁场景取得突破，在武汉铁路局和南宁铁路局 320 组列车（1 050 个车次）、30 余万高铁座位实现高铁场景云闪付扫码点餐。

（二）持续建设移动支付校园应用场景

2020 年，移动支付校园应用场景建设持续得到拓展，取得了与 69 所高校、20 个中职学校实现校园移动支付应用。

（三）持续推动移动支付在电子政务领域的应用

2020 年，中国银联浙江分公司积极推进与浙里办 App 深度融合，进一步拓展移动支付在电子政府平台中的运用。

（四）持续推动线上业务流量增长

2020 年，中国银联浙江分公司与义乌小商品城、蘑菇街、布丁酒店、一点万象（杭州、温州和萧山万象城）、复兴旅文等热门 App 对接，拓展三方 App 引流，并积极拓展信用卡还款业务，推动浙江辖内 8 家法人银行机构上线云闪付信用卡业务。

（五）持续深化医疗健康领域拓展

2020 年，中国银联浙江分公司完成与 10 家三甲医院云闪付扫码受理环境改造和线上全流程就医对接，完成 9 家连锁品牌药店云闪付受理改造。

（六）持续打造农贸生鲜亲民工程

2020 年，全省拓展农贸市场 500 余个，经营户 19 600 余户。

（七）持续开展新文旅服务应用场景建设

2020 年，中国银联浙江分公司与浙江省文旅厅签署战略合作协议。

（八）持续打造餐饮"美食惠"精品工程

2020 年，新增了 74 个餐饮品牌，1 590 个门店的移动支付场景应用，并继续打造购物造节，累计完成 335 个连锁品牌、11 825 个品牌门店的拓展。继续建立共建机制，实现 38 个商圈共建。

三、纵深省内移动支付便民工程

在各地人民银行的大力支持下，移动支付便民工程逐步向省内各地市纵深发展。2020 年，全省地市支付交易笔数 4.42 亿笔，金额 2.82 万亿元；地市新增"云闪付"注册用户 416 万户，新增绑卡用户 351 万户，月活用户 175 万户，云闪付交易笔数达 9 942 万笔。

2020 年，全省共发生银联侧移动支付交易 2.07 亿笔，银联侧移动支付交易金额 856.7 亿元，移动活卡月均 290.2 万张，同比增长 2%，非接受理商户 81.38 万户，二维码受理商户 134.27 万户。

第二节　云闪付 App 业务

2020 年，为加大云闪付 App 业务的推广落地，持续增加云闪付 App 业务注册用户数规模，持续提升云闪付 App 业务新增用户数量，持续扩大云闪付 App 业务新增绑卡规模，持续扩大云闪付 App 业务活跃用户规模，云闪付 App 产品功能不断完善，拓展模式不断创新，本地内容输出不断丰富。

一、云闪付 App 产品功能及内容建设

2020 年 12 月 31 日上线"小微贷款"应用，小微企业可通过云闪付 App 发布融资需求，上线"玩转云闪付"和"云养向天鸽"应用，对用户进行精细化留存运营。2021 年

1 月 11 日杭州作为首批试点城市已开通银联云闪付 App 查询信用报告，省内其他城市也将会陆续开通。

2020 年全年，浙江本地特色内容累计接入 40 项，形成七大板块，12 月完成板块整合，包括企业服务、车主服务、福利专区、生活购物、金融服务、便民服务、医疗服务。

二、本地银行赋能引流合作

2020 年重点针对浙江区域内 12 家法人银行推进云闪付一键绑卡、申请信用卡、账单分期、云闪付分行小程序、信贷理财等金融增值服务建设，启动云闪付 App 流量赋能辖内银行相关金融服务合作模式。

浙江农信、浙商银行、杭州银行、温州银行、泰隆银行、民泰银行、台州银行等 7 家银行信用卡业务已上线云闪付"一键绑卡"拉卡功能；湖州银行、台州银行、泰隆银行（借记卡）上线"一键绑卡"推卡功能；稠州银行上线"一键绑卡"后台模式。浙商银行、杭州银行、民泰银行、泰隆银行、台州银行、温州银行等 6 家银行已上线云闪付分行小程序。

三、本地内容输出

为丰富持卡人发卡权益的选择性，中国银联浙江分公司充分发挥银行业移动支付统一入口的平台价值，打造可以向银行输出的权益产品——"浙里抢券"，包含多种具备吸引力的权益，如信用卡还款券、公缴券、话费券、洗车券等权益包，推进云闪付 App 与银行 App 之间内容互联互通、相互引流。同时中国银联浙江分公司也在打造基于浙江本地"名特优"的地方特色馆，招募运营商对特色馆进行建设运营，预计 2021 年可与银行开展对接，将特色馆作为解决银行新客礼和员工福利需求的一项措施。

第三节 手机闪付业务

中国银联作为中国支付产业的重要平台和枢纽，一直不断探索创新"合作共赢、共生共荣"多方合作商业模式，构建数字时代新型产业合作关系。从 2010 年的远程 SIM 卡，2015 年的 HCE 支付，2016 年的手机 Pay 支付，2018 年的银联手机闪付，一直到今天的扫码支付。中国银联在移动支付领域实现数字化转型，取得了积极的成效。

银联手机闪付是中国银联联合华为、小米、三星、OPPO、vivo、魅族 6 家知名手机厂商，积极应用金融科技的最新技术成果。以非接和扫码两种支付为核心，集个人收款码、乘车码、信用卡还款、营销和权益服务等应用为一体的新一代移动支付产品。

无须下载 App，双击电源键即可唤起支付页面，给予用户更快、更便捷、更安全的全新支付体验。

　　截至目前，浙江省所有公交地铁已经全面实现银联手机闪付的受理，支持银联手机闪付的扫码商户达到 130 万户，非接商户 81 万户，单日使用量超过 10 万笔。银联手机闪付具有可以达到全场景最优体验的巨大潜力，未来在场景、内容、技术、营销等方面将持续不断地完善银联手机闪付的产品功能体验。推进数字银行卡、Token2.0等产品金融科技创新；持续深化受理环境建设，快速实现银联手机闪付全面受理；加快推进用户发展，建设手机 Pay 身份识别系统，实现用户互通，换机一键绑卡；纵深发展国际合作，深化银联手机闪付产品、新型账基业务、收单、营销、场景建设等多领域合作。同时联动各商业银行，基于四方商业合作模式，将金融与科技融合创新，为用户、为商户、为社会持续带来新价值，实现产业各方互利共赢。

第七章 移动支付应用场景建设

2020 年，中国银联浙江分公司以浙江省委、省政府数字经济"一号工程"为引领，深度参与移动支付之省建设，不断拓展移动支付应用场景建设，切实服务地方经济金融发展与民生改善，大力支持全省数字经济发展。

第一节　移动支付政务场景应用

2018 年以来，浙江省委、省政府深化"最多跑一次"改革，大力推进政府数字化转型取得显著成效。浙江政务服务网平台作为"最多跑一次"改革和政府数字化转型的总载体，随着"打破信息孤岛实现数据共享"工作的进一步推进，政府服务效率不断提高，用户体验和用户获得感持续提升。

一、移动支付政务场景建设

2020 年，中国银联浙江分公司继续强化与政府平台的内容引流合作，探索参与政府平台开展独立市场化运营股权合作、数据变现、流量变现等方面的深入合作，通过组织"一网通办"平台升级，提高"云闪付—浙里办"政务服务质量，优化政务服务用户体验，持续助力数字政府治理和决策制定，缴费项目接入银联缴费内容平台，支持银联手机闪付或者二维码支付，并可供银联及银联合作机构使用，支持查询、销账、缴费等。

二、移动支付政务应用成效

截至 2020 年底，"云闪付—浙里办"已接入省级"一网通办"平台包括公共支付、公积金查询、交通违法缴款、预约挂号等 16 项核心高频政务应用，对云闪付中的政务应用体系建设，由点向面，形成应用矩阵，完成交通出行、教育执业两大主题服务专区建设工作，率先试点开展了"数字政务"主题营销活动，并开展了高考成绩查询、录取结果查询等专题宣传，通过微信公众号等新媒体宣传，快速打开局面、完成用户引流，实现全年平均用户月活达 5.1 万人次。

第二节　移动支付出行场景应用

一、移动支付公交场景应用

从 2015 年起，中国银联浙江分公司深耕公共出行领域。一方面不断创新，降低营销成本，于 2019 年 11 月 19 日推出杭州公交电子客票产品，将传统公交车票数字化，该产品已在全国 11 个省份复制推广。另一方面不断优化，做好用户服务，2020 年 10

月 23 日，于全国率先上线杭州公共交通一码通，公交、地铁、水上巴士无需切换，产品体验领先于竞品。

（一）场景建设

杭州公交电子客票的推出，把传统的公交车票电子化、虚拟、数字化，以"卖货"的方式做推广，一方面结合不同时点推出多元化票种，提高用户参与度，增强用户归属感，如陆续推出防疫主题票、520 爱你票、七夕主题票、922 无车日主题票等；另一方面借助公交这一大流量场景尝试跨场景引流，基于公交购票用户进行数字化营销，如针对购买电子客票乘客定向赠送世纪联华、知味观优惠券（世纪联华为当地连锁超市头部企业、知味观为当地老字号品牌），引流效果得到了商户的高度认可，充分体现了公交行业用户价值。上线至今，累计已有近 5 000 万人次乘客体验到该产品的便捷。

2020 年 10 月 23 日，银联—杭州公共交通一码通上线试运行，实现杭州公交地铁乘车码的"两码合一"，老百姓在乘坐杭州公交、地铁、水上巴士时，无需切换，一码就够了，该产品的推出获得了社会各界的广泛关注，获得了行业方高度评价，为产业各方树立了信心。截至目前，已有近 60 万用户开通了该产品。

（二）应用成效

截至 2020 年底，电子客票累计出售 305 万张，杭州公交日均移动支付交易笔数达到 8 万笔。2020 年以来，分别在多个城市的公共出行领域（公交、地铁）陆续上线，如北京地铁、哈尔滨公交 / 地铁、昆明地铁、南京地铁、青岛公交、厦门地铁、上海公交、西安地铁、南昌地铁、东莞公交、梧州公交、柳州公交、深圳公交 / 地铁等行业领域均已上线该产品，并进行推广应用。

二、移动支付地铁场景应用

为提升乘车码用户体验，中国银联浙江分公司不断学习创新，化竞争压力为产品升级动力，提出了"两码融合"的方案，并于 10 月 23 日在云闪付 App 成功升级上线了杭州公交地铁乘车一码通应用。

（一）场景建设

在公交地铁两大硬核场景，中国银联浙江分公司于 2017 年率先推出了公交联机闪付和地铁预授权产品，于 2019 年推出了杭州公交、杭州地铁乘车码，是全国首个实现公交地铁银联产品全覆盖的城市。2020 年，中国银联浙江分公司对本地云闪付乘车码用户进行分析调研，据统计，公交、地铁乘车码两项功能长期位于云闪付点击量前三，每日点击量超过 30 万次，如能打通公交、地铁乘车码用户体系，将可进一步实现跨场景引流，如公交地铁通票、公交地铁免费换乘等，经过反复评估论证、需求分析、开发、测试验证、再优化，最终上线由银联自主发码的公交地铁乘车一码通功能。

（二）应用成效

通过打造云闪付 App 公交地铁乘车一码通应用，实现"两码融合"，为老百姓在杭州公交、地铁、水上巴士乘车提供了"最多点一次"的便利，省去来回切换的麻烦，上线以来，运行稳定，乘客反响良好。

三、移动支付高速场景应用

2020 年，中国银联浙江分公司继续深化移动支付高速场景应用，各家商业银行继续加大移动支付高速场景应用的拓展力度，应用场景更加扩大，取得了良好的成效。

（一）场景建设

2020 年，中国银联浙江分公司继续深化与省公路与运输管理中心和相关银行的合作。同时，借助省交通厅开放 MTC 车道支付受理方式的契机，加强与中标银行省邮储的合作，联合推动上线 MTC 车道聚合支付。目前，依托云闪付线上渠道发行浙江 ETC 通行卡的合作银行共有 7 家，包括邮储银行、杭州银行、温州银行、金华银行、台州银行、泰隆银行和宁波银行等。

（二）应用成效

截至 2020 年底，共有 6 000 余人通过云闪付 App 申领浙江 ETC 通行卡，全年累计交易约 5.6 万笔。此外，基于 ETC 车载电子标签的支付场景也在向高速以外场景拓展，停车、加油等场景将逐步纳入 ETC 应用范围。目前浙江省内已有 600 余个停车场支持 ETC 扣款，并仍在不断拓展中。

四、移动支付便民停车场景应用

随着机动车保有量的快速增长，停车需求愈加突出。2019 年 12 月 31 日，杭州市政府以政府令形式，明确了杭州市城市管理局为停车场行业管理的行政主管部门，全力推动城市大脑城管系统建设，推进"便捷泊车·先离场后付费"服务，破解停车难难题，实现停车精准管理和非现金快速支付，有效提高停车场运转效率。

（一）场景建设

随着车牌识别和电子化停车后台的日益普及，停车服务商愈加专业化、规模化，车主对无感停车接受度增加，无感停车成为当前停车领域的趋势。杭州市城市大脑项目是市委市政府"一号工程"，其中停车板块受到杭州市委领导重点关注，全力推行"先离场后缴费"的无感缴费模式。中国银联浙江分公司积极开展便民停车场景应用，通过与杭州市城管委开展合作，在杭州城区打造便民停车场景，推出通过云闪付 App 或行业方 App 将车牌信息与信用卡签约绑定的无感缴费模式，满足车主在停车场内快速通行诉求，也有效降低了人力成本，实现了无人值守停车管理。

（二）应用成效

截至 2020 年底，杭州道路停车项目实现杭州城区 1.2 万个泊位全覆盖的银联支付模式，银联支付方式在该场景下的占比峰值达到 15%，全省累计近 800 个停车场上线银联无感停车，其中，已接入到杭州城市大脑停车系统中的停车场近 200 个，包括浙二医院停车场、杭州大厦 501 广场停车场、湖滨银泰 A 区地下车库、萧山机场停车场、城站火车站停车场、杭州国际博览中心停车场等标志性停车场。

第三节　移动支付教育场景应用

2020 年，继续加大对校园应用场景的拓展，不断创新校园移动支付解决方案，不断提升移动支付校园场景应用的支付便捷性和服务体验，合作高校数进一步增加，服务方式不断扩大。

一、移动支付校园场景应用

根据教育部深入推进校园管理信息化、完善教育信息化支撑保障机制、更好地服务师生和教育管理工作和生活的要求，以及中国人民银行全国移动支付便民示范城市建设工作部署，中国银联浙江分公司加大与高校的合作力度，通过与一卡通厂商、校园团餐服务商、校园线上订餐服务商等合作方合作，实现银联移动支付无障碍受理，推广电子校园卡、云闪付二维码、校园线上应用等服务，提供校内线下消费、门禁识别、学杂费缴纳、校内线上订餐等功能。

（一）场景建设

2018 年起，通过对校园移动支付需求背景的调查，持续开展创新，从技术、产品、工具、风控等角度提出创新解决方案，利用校园电子卡、云闪付二维码等方式加大对校园应用场景的拓展。

1. 校园场景的服务背景

传统的校园支付场景校园内外信息有沟壑，优质补贴资源无法进入校内，实体校园一卡通易丢失、无法监管冒用补助资金，而移动化、智能化、数字化又是年轻一代学子的基本生活习惯。中国银联浙江分公司发挥支付领域优势，整合成员银行、支付机构和校园信息技术服务商能力，提供解决方案研发、技术标准制定、政策风险把控等技术，打造符合移动化、智能化发展趋势的开放式数字校园综合服务平台。

2. 校园场景移动支付解决方案

1）电子校园卡

电子校园卡是对实体校园卡的电子化，是实体校园卡的二维码形态。师生可通过云闪付 App 申领电子校园卡，以扫码的形式进行消费，消费时扣除银行卡账户的资金。电子校园卡支持身份识别功能，即可以在消费时判断是否为校内师生。电子校园卡通过扫码完成识别和支付服务，支持主扫、被扫方式，支持食堂、商店、门禁、图书借阅、考勤等校内消费和认证场景。

2）云闪付二维码

师生在食堂、超市等消费场景可通过云闪付 App 中的云闪付付款码以扫码的方式进行消费，消费时扣除云闪付 App 内已绑定的银行卡中的资金。

3）校园线上应用

基于电子校园卡可在 App 中实现校园一卡通充值、学杂费缴费等线上支付服务。通过与校园服务商对接，云闪付 App 可提供数字课堂、图书查询、课程查询等学习工具服务，可实现校园订餐、校园洗衣、快递收寄等校内服务。

（二）应用成效

截至 2021 年 8 月底，浙江地区 69 所高校受理云闪付，其中 6 所高校实现一体化校园解决方案。浙江海洋大学、浙江警察学院、浙江工商大学、义乌工商职业技术学院等高校均实现云闪付电子校园卡应用，校内食堂全面受理云闪付扫码消费及身份识别功能。

第四节 移动支付商圈场景应用

2018 年以来，在人民银行杭州中心支行的支持和指导下，中国银联浙江分公司携手商业银行、非银行支付机构、专业化服务机构等合作，顺应移动互联网的发展趋势，在商圈场景为社会公众提供安全、便捷、高效的支付服务，为浙江省移动支付商圈领域贡献力量。

一、移动支付商圈场景建设

2020 年，中国银联浙江分公司联合商业银行，加大对商圈拓展力度，整合多方资源，明确责任，建立商圈合作机制，创新商圈服务模式，扩大商圈服务规模，取得了良好的成效。

（一）建立商圈共建机制

商圈包括主力百货店、大型超市、专卖店、美食街、快餐店、高档餐厅、电影院、影视精品廊、滑冰场、大栅栏的茶馆、酒吧、游泳馆、主题公园等。中国银联浙江分公司联合辖内商业银行共同开展商圈建设工作，并制定了发卡银行出资，承建方拓建和运维的共建机制。针对全省银行报送的商圈（街区），筹集银行资源，授权15家承建机构（大部分为收单银行），相关工作持续至2020年末。基于上述工作，一方面是要按照新的商圈标准推动承建机构整理完善商圈环境，另一方面是要将已建成的商圈通过银联牵头、银联撬动、银行参与的方式，全面开放用卡活卡营销环境，招引银行资源运营促活商圈。

（二）开展联合营销模式

中国银联浙江分公司与主要收单银行进行磋商，研究并明确商圈拓展建设计划、营销和促活方案。通过多方面的合作（场景或资源交换），提高商业银行工作积极性。对于该类商圈的营销规则和标准，充分考虑商户诉求，必要时通过提升营销优惠活动力度和规模以吸引商户接受改造，并配合营销促活的落地执行。

（三）充分利用网格化地推运营工作成果

在采集的商户池中，中国银联浙江分公司基于地址梳理"半成"商圈，通过发布拓展任务、集中扫户的方式，实现商圈的建成。鼓励引导网格地推人员在其网格区域内重点维护商圈。

（四）试点开展优惠券发放营销活动

中国银联浙江分公司设立专人专岗和统一客服，落实一个商圈一个服务微信群，做到7×12小时互动，特别是解决商圈商户和收银员最需要服务的答疑问题。

二、应用成效

截至2020年底，全省累计建成100余个商圈，拓展银联移动支付商户2万余户，通过交叉引流，大幅提高了银行卡活卡率，促进了移动金融业务的发展。

第五节　移动支付民生场景应用

一、移动支付医疗场景应用

2020年，为落实浙江省卫健委《2020年全省卫生健康工作要点》工作要求，中国银联浙江分公司全力配合新冠肺炎疫情防控，扎实推进卫生健康数字化转型，通过与

SAAS 服务商合作，持续推进银联二维码在省内各家医院的应用，同时上线核酸检测、疫情政策查询、医保电子凭证等多项便民服务。

（一）场景建设

2020 年，由于疫情的不断蔓延，为快速应对疫情防控，迅速开展对疫情应用场景的创新，通过一码通工具的应用，为有效防控疫情起到了积极的作用。

1. 疫情防护应用场景

中国银联浙江分公司积极响应浙江省卫健委防疫工作要求，于云闪付 App 上线核酸检测、疫情政策查询等相关服务，检测机构覆盖范围广、防疫政策清晰全面，为浙江省内用户提供便捷高效的服务。

2. 医保电子凭证

为落实好国家医保局《关于全面推广应用医保电子凭证的通知》要求，中国银联浙江分公司上线医保电子凭证签发功能，用户全国就医、药店购药一码搞定，为用户智慧就医提供新选择。

（二）应用成效

根据人民银行移动支付便民工程建设要求，中国银联浙江分公司持续深耕医疗场景，截至 2020 年底，推动辖内 600 多家医院、4 000 多家药店完成线下云闪付受理，20 多家医院完成线上全流程支付接入医疗健康平台。

二、移动支付农贸生鲜场景应用

农贸生鲜场景交易金额小、频次高，是与广大市民密切相关的日常生活领域。传统农贸市场小微商户居多，存在管理方多头、经营户分散等特点。传统 POS 终端成本高，加之支付宝、微信以转账码抢占市场，极大地限制了银行卡收单业务在线下农贸市场的推广。在人民银行的有效指导下，中国银联浙江分公司联合收单机构积极推动"云闪付"在农贸生鲜领域的有效应用。

（一）场景建设

1. 巩固线下受理场景

云闪付农贸市场采用银联静态二维码布码，适合快速拓展、推广复制，在疫情期间也为"非接触"支付的普及打下基础。在杭州地区，浙江银联借助杭州市农贸市场行业协会的作用，延续"银联统筹、协会组织、管理方推动、收单机构落地"的拓展模式。同时，为保证农贸市场场景云闪付支付的普及应用，浙江银联通过联合收单机构回访、持续开展创新营销等方式，一方面提高受理经营户留存率，提升该场景云闪付市场份额；另一方面促进云闪付用户使用粘性，节约优惠成本，降低套利风险。

2.拓展线上生鲜平台

2020 年，为顺应农贸市场场景线下消费向线上转换的趋势，挖掘新的交易增长点，浙江银联积极与线上生鲜平台开展合作，重点拓展本地生鲜电商垂直领域头部 App 及政府主办的优质潜力 App 上线控件产品，如联华鲸选 App、网上农博 App 等；积极助力银行业同业间产品联动，同步推动生鲜电商 App 以小程序形式输出至云闪付，借助合作方资源为云闪付 App 引流，丰富云闪付应用内容，拓宽云闪付业务空间。

（二）应用成效

截至 2020 年底，云闪付农贸市场遍布全省各个地市郊县，全省（不含宁波）累计拓展菜场 400 余个，拓展受理银联支付经营户 1.9 万余户，2020 年累计交易总笔数达336 万余笔。

2020 年第四季度，本地生鲜头部 App——联华鲸选 App 及浙江省农业农村厅主办的网上农博 App 均已上线云闪付支付。目前，浙江银联已与上述两家 App 方启动云闪付小程序接入工作，同步探索用户互认、共同经营的会员体系解决方案，实现平台间的相互赋能。

第六节　移动支付农村场景应用

2020 年，面对新冠疫情带来的不利情况，中国银联浙江分公司及时调整工作思路，集中精力，精准发力，在省内各级人民银行的领导、支持下，继续借助移动支付便民工程，联合产业各方，通过在地市行业拓展、商圈建设、街区打造、助农点升级、为专业批发市场提供综合解决方案等方面入手，全力抓好受理市场环境建设，扩大银联移动支付市场占比，增加商户黏性，培育持卡人的移动支付习惯。"疫情"后产业各方对涉农业务模式的深入探索为农村支付注入了新的活力，带来更符合浙江省内农村地区的合作模式，而农村地区受理环境特别是移动支付受理环境也将在产品、市场、消费者等多方驱动下不断更新完善，银联移动支付产品顺势而为，找到市场的突破口。

一、省内地市 ATM 渠道交易整体情况

2020 年，浙江省内地市（温州、绍兴、湖州、嘉兴、金华、衢州、台州、丽水、舟山 9 个地级市，不含杭州、宁波，下同）ATM 清算交易笔数为 3 957 万笔，比 2019 年减少 1 918 万笔，交易笔数下降 33%。详见图 7-1。

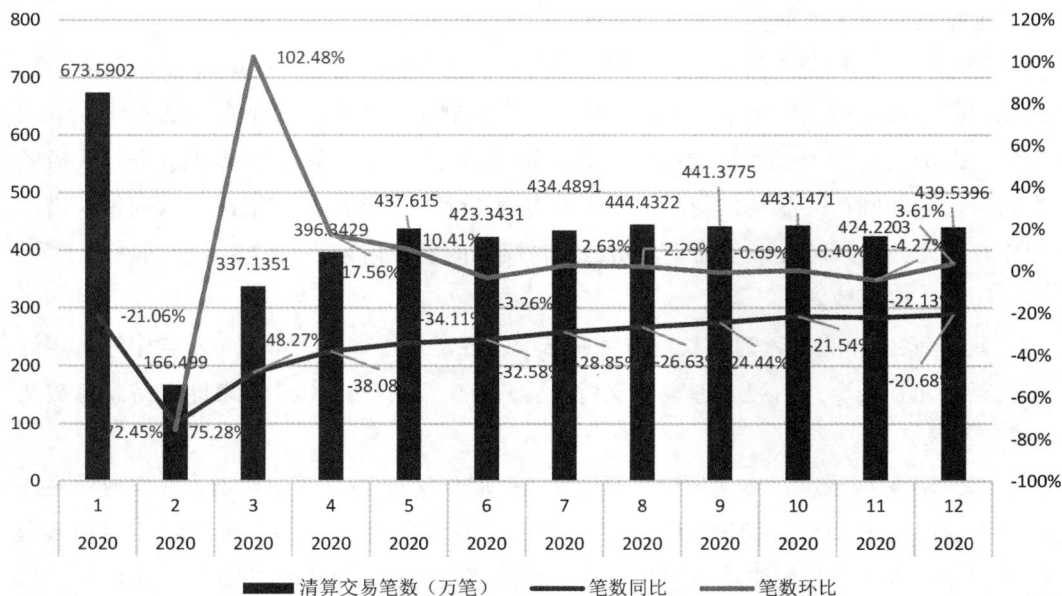

图 7-1　2020 年浙江省地市 ATM 清算笔数（单位：万笔）

　　2020 年，浙江省内地市 ATM 清算交易金额为 1 152 亿元，比 2019 年增加 449 亿元，交易金额下降 28%。详见图 7-2。

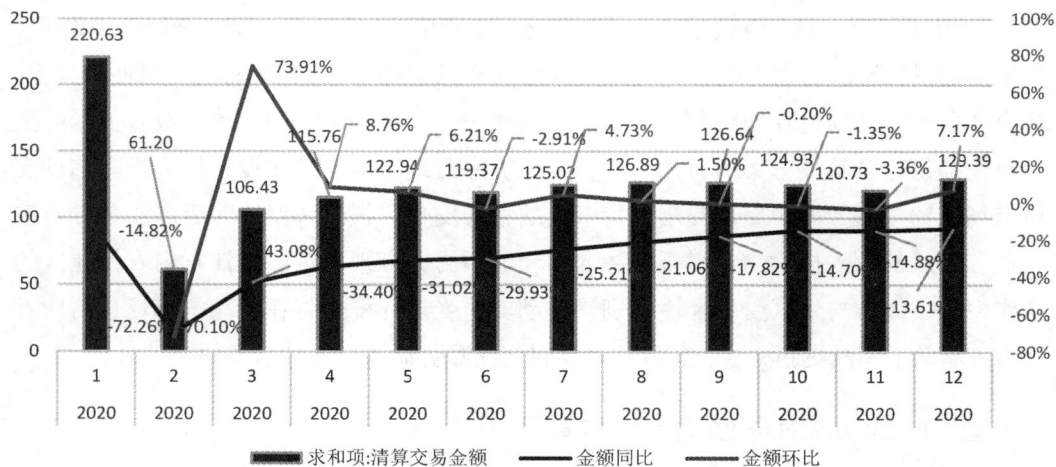

图 7-2　2020 年浙江省地市 ATM 清算金额（单位：亿元）

　　从各地市明细看，2020 年浙江省各地市 ATM 清算交易笔数较 2019 年均有不同程度的下降。其中，温州地区同比下降幅度最大，ATM 清算总笔数减少 469 万笔，同比下降 39%。详见图 7-3。

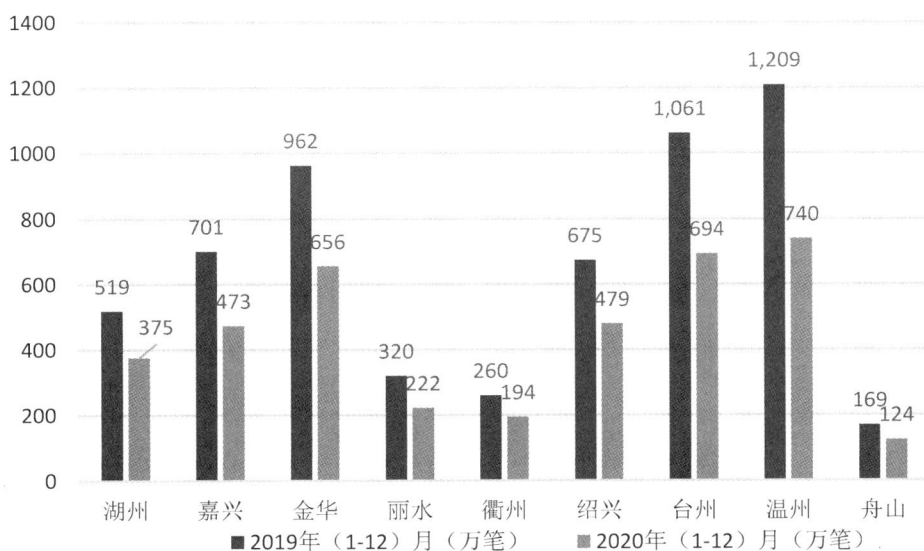

图 7-3　2019-2020 年浙江省各地市 ATM 清算笔数（单位：万笔）

从各地市明细看，2020 年浙江省各地市 ATM 清算交易金额较 2019 年均有不同程度下降。其中，温州地区同比下降幅度最大，ATM 清算总金额减少 115 亿元，同比下降 33%。详见图 7-4。

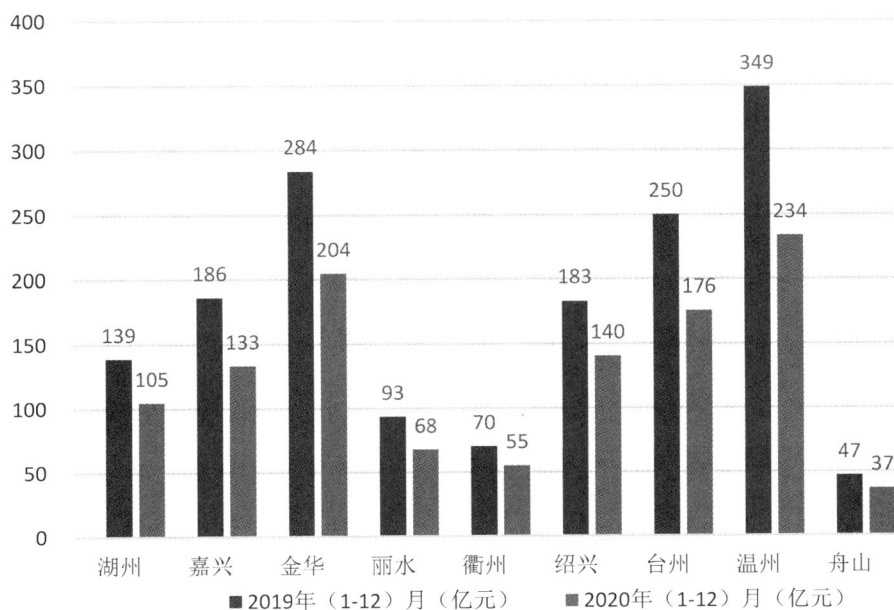

图 7-4　2019-2020 年浙江省各地市 ATM 清算金额（单位：亿元）

2020年，浙江省内地市POS清算交易笔数为22 639万笔，比2019年减少5 593万笔，交易笔数下降20%。详见图7-5。

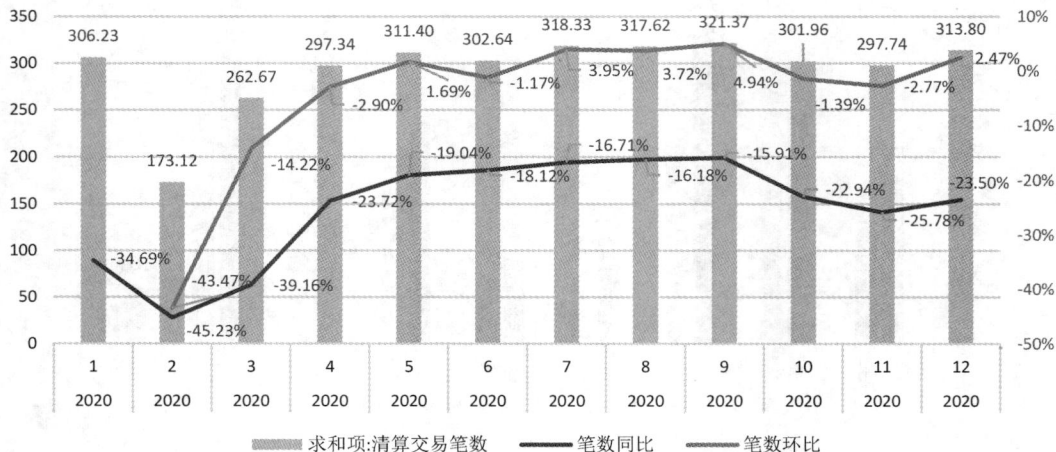

图 7-5　2020 年浙江省地市 POS 清算笔数（单位：万笔）

二、省内地市 POS 渠道交易整体情况

2020年，浙江省内地市POS清算交易金额为21 308亿元，比2019年减少2 133亿元，交易金额下降9%。详见图7-6。

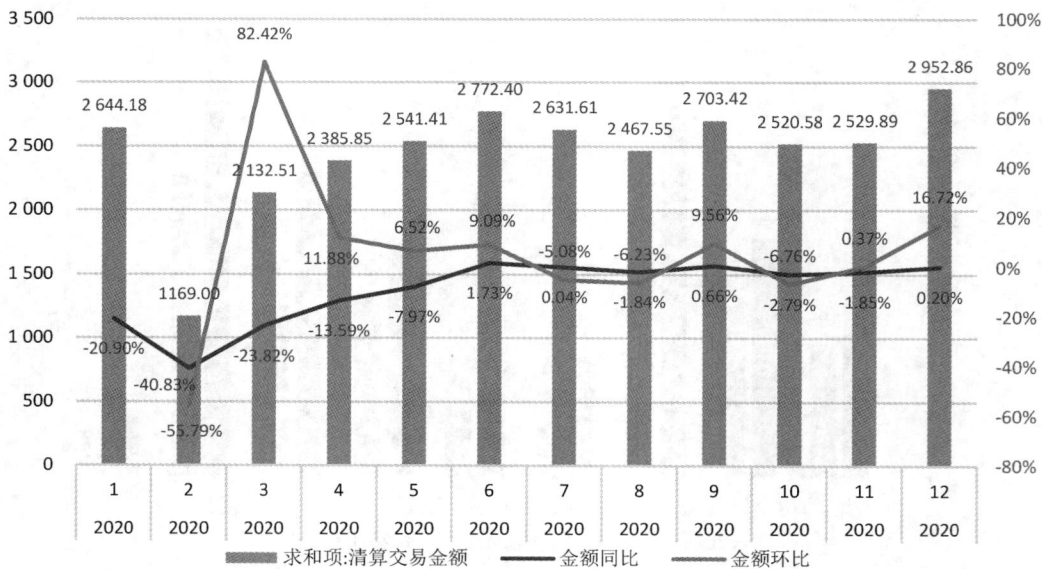

图 7-6　2020 年浙江省地市 POS 清算金额（单位：亿元）

从各地市明细看，2020 年浙江省各地市 POS 清算交易笔数较 2019 年均有不同程度下降。其中，绍兴地区同比下降幅度最大，POS 清算总笔数减少 812 万笔，同比下降 24%。详见图 7-7。

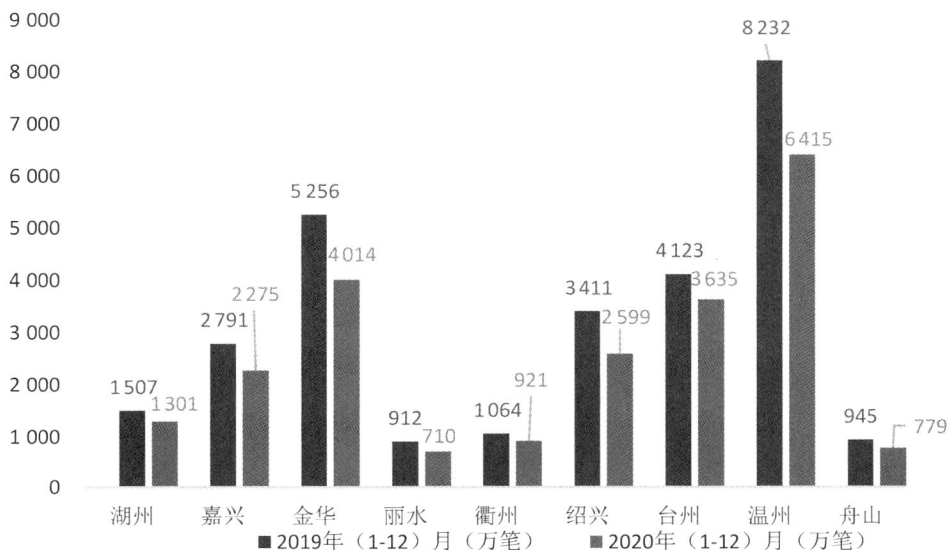

图 7-7 2019-2020 年浙江省各地市 POS 清算金额笔数

从各地市明细看，2020 年浙江省各地市 POS 清算交易金额较 2019 年均有不同程度下降。其中，绍兴地区同比下降幅度最大，POS 清算总金额减少 513 亿元，同比下降 14%。详见图 7-8。

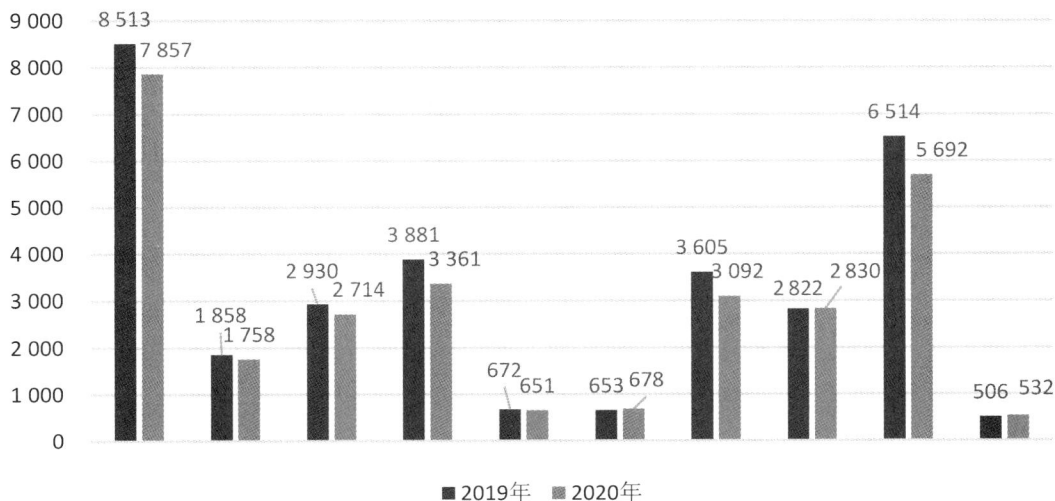

图 7-8 2019-2020 年浙江省各地市 POS 清算金额（单位：亿元）

三、场景建设

2020 年，中国银联浙江分公司继续加大对浙江省地市以及农村地区的移动支付应用场景建设，继续加大对交通、医疗、校园、民生等领域的场景拓展，积极为农村地区提供更加便捷的支付方式，助推农村经济和农民生活的提升。

（一）行业拓展应用

公交方面，中国银联浙江分公司在"疫情"阶段，通过远程协调、协助的方式，完成湖州市区公交、安吉公交、瑞安公交等银联二维码交易上线，实现省内各地市、县区均已开通受理银联支付业务；地铁方面，绍兴地铁与浙江银联的整体合作协议已签订，技术改造同步进行中，在绍兴地铁 TVM、BOM 开通银联全支付方式购票，2021 年 6 月正式上线试运行；金华轻轨闸机等设备采购已完成，业务合作方案已基本确定，硬件支持闪付及二维码支付，预计 2021 年 6 月底之前完成场景建设，12 月正式上线。

结合疫情非面对面电子支付的需求，浙江银联在"疫情"阶段积极联系平阳县教育局，通过推动当地教育缴费平台系统改造，成功在开学前实现平阳地区 95 家公立学校各项费用在云闪付进行缴纳，助力家长实现"非接触"缴纳学费，并组织开展 "战疫同行，为你助力"为主题的专项营销活动，进一步巩固使用习惯，本次活动第一学期缴费交易笔数 9 万多笔，交易金额 5 800 多万，拉动平阳地区注册云闪付新用户 3 万户左右。

完成湖州龙之梦景区、清雁荡山风景区，温州半屏山景区、临海江南长城、庆元百山祖、柯岩等景区售票窗口或自助售票机的移动支付改造，完成了古堰画乡 App 的银联支付接入。快速推动南湖景区票务系统 MIS 收单对接，将南湖景区票务平台嵌入云闪付本地频道，并将南湖景区打造成银联刷脸付标杆场景。

督促银商在地市对其近 2 万余家商户进行外卡内用的后台商户信息整改及功能开通工作。完成温州云天楼餐饮、桂新园、阿哆诺斯、东池便当、大禾寿司、绍兴资溪面包餐饮品牌受理建设。完成嘉兴南门头美食广场 MIS，浙北大厦城南店、桐乡店 MIS 收单系统改造。完成湖州近 3 000 户、舟山 300 户菜场摊位商户受理银联二维码。完成嘉兴市近 200 家早餐行业受理云闪付。

绍兴市妇幼保健院、绍兴市立医院、舟山医院、兰溪中医院等医院实现医院窗口、自助终端受理银联二维码，正在联合收单机构推动医院挂号、在线缴费、报告查询等服务接入云闪付智慧医疗平台。完成温州 16 家连锁品牌药店 600 个门店受理工作。

（二）建设移动支付引领县

结合省内各县域的基础特点，经各级人行同意，浙江银联将江山、兰溪、临海、长兴 4 个县（市）为银联移动支付引领县重点创建对象，摸清各重点引领县建设存在的短板及原因，查缺补漏，有针对性制定工作措施。将工作重点放在交易笔数与用户活跃度提升上。借助数据反馈及营销手段辅助，突破发展瓶颈，提升用户活跃与移动支付交易笔数。经过 2020 年各方一整年的共同努力，引领县中重点商业街区、县域公交、医疗、惠农站运营、批发市场的场景建设已全部完成；云闪付 App 内容接入也已全部完成，4 个县共新增云闪付用户 22 万，累计交易笔数 692 万笔，交易笔数同比增长 85.13%。

（三）**深化"云闪付"应用**

结合政府复工复产、助商惠农的工作要求，浙江银联在各地人行领导下利用云闪付平台发放、核销"消费券"，进行重点突破。2020 年，衢州、台州、绍兴、舟山等地市发了消费券，共筹措资金 448 万，累计发放"消费券"近 50.5 万张，核销率 95% 以上，有效增加了云闪付 App 新增绑卡用户数，提升了交易笔数，扩大了云闪付在地市的知名度。并通过消费券的发放，用活了"云闪付"App 功能，为今后地市、银行业开展类似活动打下了坚实的基础。

浙江银联还积极推动辖区内区域行 App 与云闪付互联互通对接工作，完成民泰银行、温州银行、台州银行、泰隆银行接入云闪付分行小程序，增加了银行发卡、产品购买渠道，丰富了云闪付服务内容。

第八章 银联卡风险控制和管理

2020 年，新冠肺炎疫情给银行卡产业造成严重冲击，但在产业各方的共同努力下，产业内业务风险得以有序化解，重大系统性风险隐患不断降低，全国银行卡风险水平趋稳向好，全年银行卡欺诈率为 0.75BP，处于历史和全球低位。但疫情变化和外部环境存在诸多不确定性，加之防范化解金融风险持续深入、业态变革不断加速，产业面临的风险形势和安全挑战依然严峻复杂。

第一节　银联卡风险特征分析

2020 年，银联卡风险特征具体表现为新型代还套现仍活跃于市场的隐秘角落，多家智能代还平台通过更换软件名称等方式持续游走于灰色地带，收单市场违规乱象未绝；电信诈骗的方式和手法不断升级，呈现由电话诈骗向互联网诈骗演变，由"短平快"的快攻型诈骗向"放长线钓大鱼"的慢攻型诈骗转换。不难看出，风险表现得更加复杂多元，专业攻击、业务组合、跨境流窜、团伙联动等新特征不断涌现，并呈现由线下支付业务向线上组合业务渗透，由单个团伙作案向产业链分工协作转变的趋势，危害性、隐蔽性和破坏性更强，新时期的风险防控工作正面临全新挑战。

一、银行卡欺诈风险总体形势

随着技术手段的不断发展，银行卡风险防控难度不断增加。2020 年，根据银行卡风险现状和特征，银行卡发卡机构不断加大对银行卡风险防控和治理力度，风险防控手段不断提高。

（一）全球银行卡欺诈风险状况和主要特征

2020 年，全球银行卡欺诈损失金额同比增长 7.67%，欺诈损失率较 2019 年上升 7.35%。其中，贷记卡欺诈风险平稳震荡，2020 年前三季度欺诈损失金额同比下降 0.56%，欺诈损失率较 2019 年同期上升 3.33%。从欺诈类型看，非面欺诈占比进一步上升，伪卡欺诈规模则持续下降；从发卡市场看，拉美、中东非欺诈风险明显上升，亚太地区欺诈风险保持低位；从收单市场看，多数地区收单欺诈损失率基本保持稳定，美洲地区欺诈损失金额占比进一步上升。2020 年全球银行卡欺诈风险主要特征为全球 EMV 迁移持续推进，中东非、美国地区伪卡欺诈风险好转；商业零售行业信息泄漏风险突出，银行卡产业泄露源呈现集中性；无卡端欺诈风险依然严峻，平衡好风险防控和客户体验成为关键。

（二）境内银行卡欺诈风险总体形势

2020 年，银行卡欺诈交易金额同比下降 2.90%，银行卡欺诈率同比下降 13.84%。从欺诈类型占比来看，套现金额占比较 2019 年上升 24.86 个百分点，电信诈骗金额占比同比下降 22.50 个百分点，账户盗用与互联网欺诈金额占比同比分别下降 0.23 与 1.12 个百分点。贷记卡欺诈损失率同比下降 27.09%，该指标近十年来持续处于较低水平，自 2012 年以来均低于亚太地区水平。

（三）境内发卡市场欺诈风险状况

2020 年，借记卡欺诈金额同比下降 47.72%，欺诈率同比下降 52.22%，主要因为国家加大对借记卡犯罪打击力度，借记卡电信诈骗金额同比大幅减少。借记卡欺诈金额排名前三位的欺诈类型为电信诈骗、账户盗用和互联网欺诈，但欺诈金额同比分别下降 48.44%、0.94% 和 60.27%。2020 年，贷记卡欺诈损失金额同比下降 23.60%；贷记卡欺诈损失率同比下降 27.09%，达到历史新低，主要受虚假申请和伪卡欺诈风险下降带动。贷记卡欺诈损失金额排名前三位的欺诈类型为虚假申请、伪卡和互联网欺诈，其中虚假申请、互联网欺诈损失占比同比分别上升 8.98 和 0.88 个百分点，伪卡欺诈损失占比较 2019 年下降 10.78 个百分点。

（四）发卡市场欺诈风险特征分析

2020 年，由于作案手段技术不断升级，防控形势日益复杂，需要有更加有效的手段，更加有效的技术，提高银行卡欺诈整治能力。

1. 借记卡欺诈风险特征分析

借记卡电信诈骗风险持续下降，欺诈金额同比下降 48.44%，从各季度情况来看，电信诈骗欺诈金额在第一季度下降明显，并维持低位震荡水平。账户盗用欺诈金额在第一、二季度受疫情影响大幅降低，在第三季度随着疫情消退出现报复性增长，在第四季度采取强化交易安全验证及可疑交易拦截措施后，欺诈金额明显回落。互联网欺诈风险向境外迁移，第三、四季度境外多家大型优质商户遭集中非面攻击，带动互联网欺诈金额较上半年明显增长。总体来说，借记卡欺诈手段不断演变升级，出现通过"移植"芯片实施伪卡盗刷的新手法。

2. 贷记卡欺诈风险特征分析

贷记卡伪卡欺诈风险年内逐季下降，全年欺诈损失金额同比下降 44.53%。互联网欺诈损失金额同比下降 17.38%，但受多个大型电商平台欺诈高发影响，在第二季度出现突升，虚假申请欺诈损失金额逐季上升，并在第四季度达到年内最高。

（五）境内受理市场欺诈风险状况

2020 年，境内受理市场欺诈风险受信用卡套现风险带动持续上升，境内受理市场收单欺诈交易金额和欺诈率同比分别上升 34.90% 和 5.75%。从欺诈类型来看，主要是套现、账户盗用、互联网欺诈三种类型。

（六）境内受理市场欺诈风险特征

境内受理市场欺诈风险特征主要表现为套现风险有所上升，优惠、减免类商户套现金额在第一季度至第三季度持续上涨并达到历史峰值，此外沿海及发达城市的套现风险较为突出。账户盗用欺诈中借记卡金额占比同比上升 5.40 个百分点，且公益类商户风险上升较快，涉及欺诈金额同比上升 42.79%。互联网欺诈风险下降，但公共事业类商户风险突出，涉及欺诈金额同比上升 253.48%。伪卡欺诈风险向自助柜员机及移动 POS 渠道转移，欺诈金额占比同比分别上升 5.01 和 5.33 个百分点。

（七）支付机构与商业银行收单欺诈风险对比分析

2020 年，支付机构收单欺诈交易金额同比上升 39.69%，商业银行收单欺诈交易金额同比下降 8.79%。从各季度数据来看，支付机构收单欺诈风险震荡上升，商业银行收单欺诈风险稳中有降。从欺诈风险特征来看：支付机构的套现、账户盗用欺诈几乎平均分布于全国各地，而商业银行套现交易高度集中于个别地区；支付机构的套现欺诈高度集中于超市加油类和交通运输类等优惠费率商户，商业银行套现欺诈则集中于烟草类、批发类等标准费率商户；支付机构的欺诈风险在多家大型机构间流窜，而商业银行则呈现风险水平与业务量水平一致的特征。

第二节 浙江银行卡风险形势分析

一、受理市场欺诈风险状况

2020 年，银行卡受理市场欺诈风险案件同比减少，收单商户欺诈案例也同比有所减少，但套值交易案件、金额、笔数均有不同幅度提升。

（一）风险案例分析

2020 年浙江省产生套现、跨地区移机、交易量突增等疑似风险案例同比下降 17.9%；其中非金机构收单商户疑似风险案例数量同比上升 4.6%，银行收单商户疑似风险案例同比下降 25.8%。杭州、金华疑似风险案例数量同比下降超过 20%，衢州是唯一疑似风险案例数量上升地区，同比增幅 9.6%。疑似风险案例主要集中在杭州、温州、金华、台州四地，疑似风险案例数量占全省份额的 73.3%。详见图 8-1。

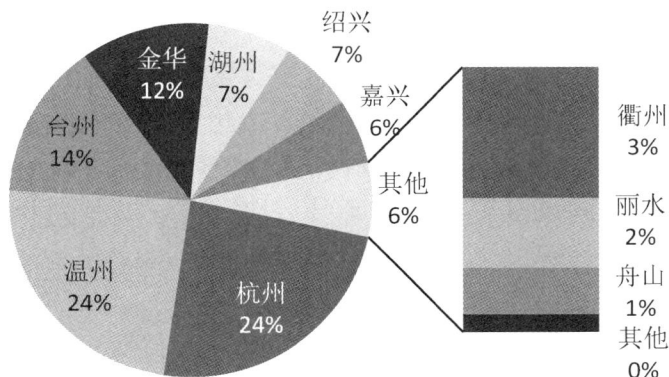

图 8-1 浙江各地区疑似风险案例数分布

（二）套现交易分析

根据各发卡机构反馈情况分析，2020 年浙江地区平均套现欺诈率为 2.23BP（1BP
等于万分之一），同比上升 49.7%；其中支付机构收单商户套现欺诈率同比上升
52.2%，银行收单商户套现欺诈率同比上升 49.6%。保险类商户套现欺诈率最高，达到
19.4BP，其次是加油和超市类商户，套现欺诈率分析达到 9.2BP 和 4.9BP。详见图 8-2。

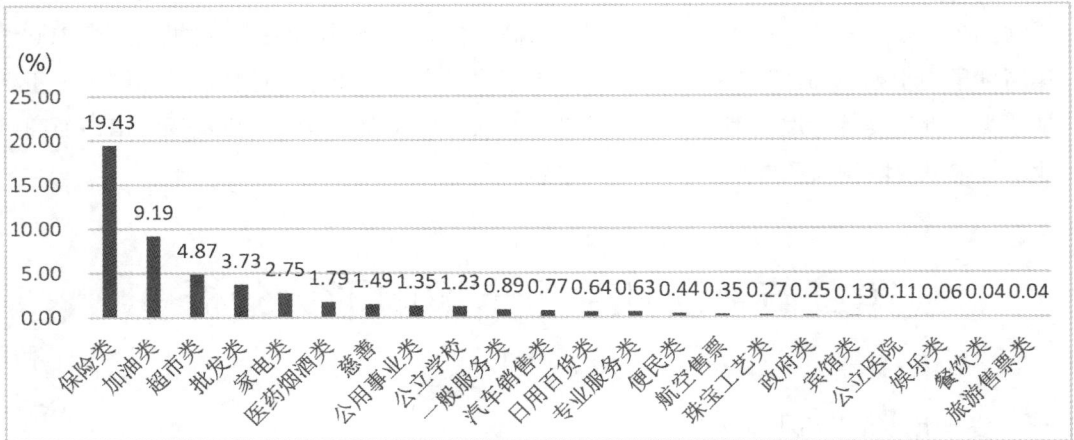

图 8-2　2020 年主要行业套现欺诈率

（三）欺诈交易情况

2020 年发卡机构报送辖内商户银行卡欺诈笔数同比上升 67.5%，欺诈金额同比上
升 64.8%；其中套现欺诈金额同比上升 67.5%，无卡欺诈交易金额同比下降 15.5%，账
户盗用欺诈交易金额同比下降 2.7%，伪卡盗刷欺诈交易金额同比下降 23.9%，失窃卡
欺诈交易金额同比下降 10.8%，其他欺诈交易金额同比上升 78.8%。详见图 8-3。

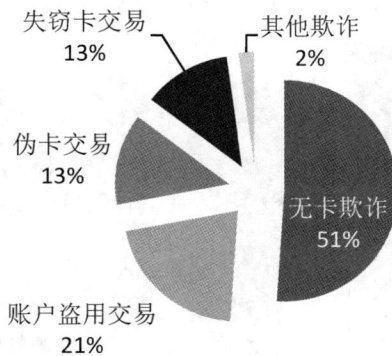

图 8-3　资金损失类欺诈交易金额分布

二、受理市场欺诈风险特征

2020 年，浙江受理市场欺诈风险特征主要表现为账户盗用欺诈得到有效控制，扭转了近几年快速上升的趋势，但套现风险上升较快，优惠类商户套现金额持续上涨，套现交易向二维码商户、线上商户蔓延。

三、浙江创新业务欺诈风险状况及特征

2020 年，创新业务风险整体平稳，但个别业务的欺诈率呈现此消彼长的态势，二维码业务欺诈损失风险略有上升，但欺诈率同比下降，无卡业务欺诈损失风险基本持平，而小额双免同比下降较为明显；从作案行为来看，欺诈手法则由骗取受害人短信验证码向诱骗持卡人自行交易演变。此外，虚假合谋商户仍是创新业务欺诈变现的焦点，收单端在产品推广与商户管理过程中暴露出风险意识不足等问题依然存在。

第三节 跨境赌博和网络诈骗的整治

近年来，随着金融消费安全知识的不断普及，消费者安全意识也在不断增强。与此同时，中国银联联合公安部门、产业各方共同严厉打击电信网络诈骗和赌博等违法行为。

一、坚决打击电信网络诈骗、跨境赌博等犯罪活动

为维护社会长治久安，落实国家网络安全战略，坚决遏制电信网络新型违法犯罪活动，中国银联积极履行社会责任，落实监管要求，协助公安机关不断加大对电信网络诈骗等犯罪活动的打击力度，坚决保护人民群众财产安全。中国银联依托现有资源，加大源头治理力度，夯实防范电信网络犯罪风险的安全基础，同时，加快智能风控建设，提升电信网络犯罪风险识别和拦截的技术水平，有效挽回电信网络诈骗等犯罪案件资金损失。

此外，中国银联积极协助公安机关开展电信网络诈骗等违法犯罪的打击治理，与公安部合作建立疑似电信诈骗涉案银行卡账户比对服务机制，通过筛查识别，提示发卡行进行关联排查，防范银行卡被用于电信诈骗等银行卡犯罪。持续做好司法协查服务，协助公安机关调查电信网络诈骗案件。2021 年中国银联将开展专项行动，全方位深化电信诈骗整治工作，通过构建风险模型、优化可信交易体系、提升涉诈卡处置效率等举措，保障银联用户资金安全。

与此同时，中国银联一直禁止成员机构以任何形式为互联网赌博、色情平台，互联网销售彩票平台，非法外汇、贵金属投资交易平台，非法证券期货类交易平台，以及未取得省级政府批文的大宗商品交易场所等非法交易提供支付结算服务。中国银联将持续督促网络内成员机构保持业务合规发展，严格落实商户管理、交易监控和风险排查相关要求。

二、提高风险防范意识，保护银行卡用卡安全

为保护广大持卡人资金安全，提高风险防范意识，维护消费者合法权益，中国银联通过制作相关宣传提醒语等进行防范电信网络新型诈骗、网络赌博风险宣传，提醒广大持卡人坚决远离赌博活动，拒绝参与各种非法平台活动，自觉遵守国家法律法规，对自身财产安全负责。

第四节　银行卡欺诈风险趋势分析

展望 2021 年，全球经济运行态势预计重启增长，国内不断向好的经济基本面、公平的市场环境、创新的科技应用、防范化解重大金融风险纵深推进，都将有利护航银行卡产业健康发展。但值得关注的是，居民偿债压力不减，下沉客群风险加速浮出水面，各类专业化、团伙化黑产挑战加剧，网贷出清过程中共债风险的转移等都将给信用风险防控带来更大的挑战，加之监管推出的一系列政策在打开盈利增长空间的同时也使存量市场的博弈愈发激烈，充分考验各方的差异化定价及精细化运营能力，银行卡业务经营的复杂性和艰巨性明显上升。

针对这一系列新变化与新形势，产业各方仍需透过纷繁表象把握市场发展变化趋势，在牢守不发生重大合规及系统性风险底线的基础上，把握机遇，加快创新，不断提高精细化运营能力，稳步推进数字化转型进程，深入开展产业联防联控，促进产业健康持续发展。

继续加强信用卡授信审批管理，健全完善信用卡套现交易监控。建议各商业银行严格实行信用卡业务统一授信管理，提升从业人员廉洁性、规范性和专业性，严格规范信用卡审批及提额流程，强化授信审批复核机制；提高对套现风险的重视程度，针对信用卡频繁小额还款、快进快出等新型套现特征，部署相关的监控规则，持续优化套现交易监控模型，采取有效措施防范信用卡套现风险、共债风险。

继续强化信用卡资金流向监控。建议各商业银行加强对信用卡大额透支及疑似套现交易的资金流向监控，必要时要求客户提供发票等购物凭证，确保个人信用卡透支

用于消费领域，不得用于生产经营、购房和投资等非消费领域。

继续推动商户合规管理及监测，妥善开展风险处置。建议各收单机构根据近期案件呈现出的风险特征及风险点，强化商户入网审核、外部服务商合作、商户定期巡检等工作，部署实时交易相关监控系统，同时在发现风险时及时妥善开展处置。

面对产业数字化转型发展和日趋复杂的风险形势，产业各方坚决贯彻落实中央关于打好防范化解重大风险攻坚战的指示精神，按照人行统一部署，在公安、司法机关大力支持下，强化后疫情期间的风险防控，精准处置重点领域风险，着力推进数字化风控转型，强化产业联防协作，平衡好风险防控和业务经营的关系，共同推进产业高质量发展。

PROSPECT

展望篇

第九章 浙江省移动支付之省发展展望

　　2021 年，浙江移动支付之省建设进入关键年。这一年，浙江省委省政府全面部署数字化改革工作，数字浙江建设进入快车道。这一年，支付市场反垄断的步伐不断加快，数据安全和消费者权益保护持续强化，构建公平竞争的市场环境的目标更为清晰。新发展理念为推进移动支付之省建设注入强大的思想和行动力量，赋予移动支付之省建设新的要义和使命。本章总结浙江移动支付之省建设两年多来取得的主要成效，结合移动支付市场发展趋势以及面临的复杂性和多样性，提出下一阶段不断推进移动支付之省建设的几项重点工作，力争为"十四五"移动支付之省建设实现高质量健康发展打下扎实基础，力争为推动我省数字化改革发挥优势，为打造我省数字经济"重要窗口"贡献力量。

第一节　移动支付之省建设取得的主要成效

移动支付之省建设作为浙江数字经济"一号工程"的重要内容，由省委省政府在2018年7月全省数字经济发展大会上首次提出，并确定由杭州中心支行牵头规划和组织实施。2019年8月，杭州中心支行会同浙江省科技厅等五部门联合发布《浙江移动支付之省建设工作方案（2019-2022）年》，作为此项工作的发展纲领。两年来杭州中心支行积极组织相关各方推进移动支付之省建设，取得了明显成效，在交易规模、行业应用、科技创新等方面均居全国前列。一是业务规模持续增长。至2020年底，全省移动支付活跃用户数4 386.78万户，普及率达75%；全年共发生移动支付业务笔数554.58亿笔、金额67.83万亿元，同比分别增长22.02%和31.74%。二是行业应用全面推进。移动支付目前已实现在民生领域的全覆盖，全省所有县级以上公交车、地铁线路均实现移动支付应用；"浙里办"平台公积金提取、社保缴纳、交通违章罚款缴纳、线上缴税、水电费缴纳等均支持移动支付方式办理；全省40.3%的农贸市场实现移动支付应用，8 400余个停车场、57个4A级以上景区支持移动支付应用。三是县域农村不断普及。全面推广移动支付方式办理银行卡助农服务，至2020年末，全省58.31%个服务点开通移动支付办理银行卡助农服务。2020年通过银联二维码、手机Pay等方式共办理助农业务109.64万笔，同比增长2.2倍。四是对外开放取得突破。全国首家中外合资银行卡清算机构连通公司落户浙江杭州，顺利开业展业，截至2020年底，共与16家发卡银行签约合作，发行了31款美国运通人民币信用卡产品，发卡总量累计110万张。五是金融科技引领创新发展。深入推进金融科技应用试点，探索开展公民网络数字身份凭证、手机盾、手机云证书等新型身份认证技术应用，创造更加安全、高效的移动支付体验。创新移动支付标准建设，部分研究项目已取得阶段性成果，成功立项ISO国际标准项目。

第二节　移动支付行业发展趋势

移动支付市场经历二十年的发展，在产业各方的努力下取得了跨越式发展，但仍存在市场各主体发展不均衡、市场公平竞争环境遭到破坏、各类风险交织嵌套等问题，2021年，反垄断和防止资本无序扩张的行业监管要求坚持发展和规范并重，将逐渐推动移动支付逐步回归小额便民本源，推进市场不断开放多元。

一、严监管常态化，移动支付回归本源

（一）移动支付市场资源配置优化

党的十九届五中全会、中央经济工作会议及中央财经委员会第九次会议明确提出，要强化反垄断和防止资本无序扩张，切实防范风险。人民银行等四部委三次约谈蚂蚁集团，要求其正视金融业务活动中存在的严重问题和整改工作的严肃性，对标监管要求和拟定的整改方案，深入有效整改、确保实现依法经营、守正创新、健康发展。反垄断与防止资本无序扩张成为支付市场监管重点，移动支付行业竞争将趋于规范、有序，银行业移动支付发展迎来新的机遇，在公平、均等的市场环境下，利用高质量、定制化的移动支付服务突出重围、深耕发展成为可能，将迸发出新的创新活力。支付服务市场资源配置效率将不断提升，行业实现健康可持续发展。

（二）移动支付应用回归小额便民

最初，支付机构定位于主要服务电子商务发展和为社会提供小额、快捷、便民小微支付服务。随着两大头部支付机构占领支付市场，业务不断辐射到金融的各个领域，支付业务与金融业务嵌套，各类风险交织放大。在"回归支付本源"的监管引导下，支付机构与金融机构的边界将进一步厘清，移动支付应用监管持续强化，综合金融服务规范化发展，全部纳入监管，移动支付应用定位更为清晰。

（三）移动支付数据安全性进一步提高

数据作为新的生产要素成为驱动数字经济发展的新引擎，移动支付数据是支付机构和平台企业的核心竞争力，但利用支付数据抢占客户、恶意营销、侵害消费者隐私权和自主选择权的问题不断涌现，对数据安全提出挑战，也与市场健康有序发展相违背。2020年，《个人信息保护法（草案）》征求意见，强调维护数据安全和促进数据开发利用并重，金融数据合规性受到关注；2021年1月《征信业务管理办法（征求意见稿）》发布，提出信用信息采集"最少、必要"原则；《非银行支付机构条例（征求意见稿）》也充分强调了用户隐私和数据管理的重要性。《数据安全法》也正式发布并于2021年9月1日正式实施，对数据安全监管和保护从法律层面进行了制度安排。《数据安全法》《网络安全法》等一起构成网络治理和数字安全的法律规范框架，数据安全与个人隐私保护将日趋完善。

二、创新不断突破，金融科技加速融合发展

（一）刷脸等生物识别技术应用持续深化

3D人脸识别技术解放消费者终端设备操作，提高身份验证效率和支付安全性，是

移动支付方式的一大发展方向。然而，硬件设备提升了改造成本和门槛，再加之疫情带来的线下消费负面影响，刷脸支付整体处于理性发展阶段，虽普及速度不及低成本的二维码支付，但刷脸支付长期仍有较大发展空间。

（二）区块链场景不断深化

区块链本质上是一个去中心化的数据库，通过自身分布式节点而不依赖第三方进行数据的存储、验证、传递和交流，以极低的成本解决了信任与价值的可靠传递问题。区块链应用于移动支付领域，将有效提高支付的安全性、及时性，降低汇款成本，保护数据隐私。正在试点的数字人民币运用的正是区块链技术，蚂蚁集团创新开发的"蚂蚁链"，推动跨境收款业务高效发展，有效提升了跨境支付资金结算效率。下一步，区块链技术将在移动支付领域实现更为广泛的应用。

（三）云计算促进移动支付数据开发利用

以移动支付数据为基础的风险控制、投资顾问、客户服务等分析深化。支付机构能够利用大数据实现对 C 端（个人用户端）用户画像以及 B 端（企业用户端）商户经营分析，通过消费者消费、位置等信息分析获取用户生活习惯、兴趣偏好、消费能力、信用信息等情况，进而提供个性化的消费、理财等服务。通过对商户收入、采购等数据分析商户经营情况，提供定制财务管理和支付服务方案。

（四）支付 + SaaS 拓展移动支付产业链

2020 年新冠疫情的爆发触发生活服务业数字化发展，零售业商户数字化转型需求不断激增，与此同时，各大支付机构也不约而同将 SaaS 服务作为下一阶段深度布局的重要切入口，支付 +SaaS 主要集中于收银机、移动 POS、微信小程序三类软件应用，实现点单、会员营销、发票管理、库存管理、聚合支付、线下配送等增值服务，收单机构或支付机构可通过通道模式、投资或收购、自主研发等模式延伸 SaaS 服务，以增加商户黏性和体验。

三、场景深耕下沉，不断向农村和 B 端延伸

（一）移动支付持续向县域农村渗透

与城市相比，农村移动支付普及程度有待提升，下一阶段，将按照关于全面推进乡村振兴战略的要求，大力推动移动支付农村地区应用，持续深化农村地区应用场景建设，实现在社保缴费、便民生活等传统领域全覆盖，不断优化农产品交易、农村电商等农村特色场景移动支付方案，推动普惠金融发展和乡村振兴。

（二）B 端支付市场行业支付方案不断优化

经历高速发展之后，移动支付 C 端（个人用户端）市场红利已逐渐见顶，但 B 端（企业用户端）市场进入门槛相对较高，B 端企业、商户已从对支付服务的单纯需求转向

对财务、营销、存货管理等多方面支持需求。未来，移动支付 B 端市场将进一步下沉，行业定制化支付方案成为可能，以上下游支付为中心，延伸出跨境支付、资金归集、供应链金融等一系列升级服务。

四、市场竞争加剧，支付服务转向推动行业赋能和产业升级

（一）移动支付支持平台经济发展

各大互联网平台纷纷收购支付牌照并发展支付产品，仅 2020 年，就有拼多多收购付费通、字节跳动收购合众易宝、携程收购东方汇融、快手收购易联支付等，获互联网支付牌照后相继推出支付产品。短期来看，各大互联网平台的支付产品对支付宝、微信支付的市场支配地位冲击力度有限，长期来看，各平台有望转化流量客群为自身支付产品用户，降低对头部支付机构的依赖，打造各自优势场景内的支付解决方案，赋能新业态发展。

（二）跨境支付业务成为新蓝海

随着金融业更高水平双向开放，支付服务供给侧结构性改革不断深化，支付市场各类主体等通过各种方式试水跨境支付市场。2020 年中国跨境电商进出口规模达 1.69 万亿元，同比大增 31.1%，带动跨境支付繁荣发展，银行机构和支付机构相继布局跨境电商收款。Paypal 收购国付宝进入国内支付市场，上海、南京等 7 个地区开展了日韩短期入境游客境内移动支付便利化试点，粤港澳大湾区实现 5 个港澳跨境电子钱包应用，跨境移动支付服务在竞争中不断发展壮大。

五、互联互通成为趋势，开放共享实现互赢互利

（一）条码支付互联互通

统一条码支付编码规则、构建条码支付互联互通技术体系，打通条码支付服务壁垒，有助于降低商户支付服务接入门槛，提升用户体验。商户一次性接入一个收单渠道即可实现所有支付二维码的受理，将解决商户"一柜多码，一柜多枪"问题，为用户减少不必要的支付渠道选择确认，实现不同支付场景的支付体验一致性。

（二）便民行业开放互通

银联和银行机构深耕便民支付领域并打下扎实基础，如银联牵头组织产业各方通过合作共建机制实现了云闪付乘车在全省公交、地铁等便民行业的全面覆盖，成为银行业移动支付应用的标杆场景。下一步，便民行业开放互通成为趋势，云闪付便民行业应用场景向各银行的手机银行开放，实现地铁、公交场景银联乘车码输出银行手机银行，共同推进银行业移动支付在便民领域市场份额。

（三）网络支付"四方模式"建立完善

断直连之后，支付机构与银行之间的网络支付业务必须由有资质的清算机构进行清算，信息透传给清算机构，确保交易真实和透明，有利于控制风险。但大型网络支付机构将支付账户作为收单账户，仍造成大量闭环交易，形成信息黑箱。未来，将进一步强化健全网络支付"四方模式"，提升交易信息透明度和交易监测有效性。

六、多元工具并存，各类支付工具兼容发展

（一）数字人民币试点领域不断扩大

2020 年，先后两批共 10 个城市外加冬奥会场景相继启动数字人民币应用试点。未来，数字人民币将在试点的基础上不断推广、扩大应用。数字人民币通过手机下载注册数字钱包 App 应用，支持扫码、碰一碰、双离线等多种交互支付方式。数字人民币作为人民币的数字化形式，相较于电子支付工具，具有法偿性、有限匿名、安全性等特点。未来，数字人民币的发行将使支付市场竞争更加多元，为银行业移动支付发展带来新机遇。

（二）数字鸿沟进一步弥合

支付市场在创新发展的同时，各种传统支付工具，如现金、银行卡等依然保留，现金、银行卡等传统支付工具提供基础支撑，支持市场多元化需求。满足不同人群尤其是老年人的支付需求，不让数字化成为生活消费、便民服务等的障碍，切实做到数字时代"一个都不能少"。

第三节　下一阶段移动支付之省建设重点

"移动支付之省"建设期已经过半，在前期取得成效的基础上，要对标《浙江移动支付之省建设工作方案（2019-2022 年）》建设目标，总结问题和不足，抓紧最后一年多时间补齐短板。同时，要着手考虑下一阶段深化移动支付之省建设问题，坚持"公平、数智、共享、开放"为原则，在持续聚焦便民惠民与普惠服务的基础上，推动数字赋能与双向开放，构筑公平竞争环境，全面助力浙江移动支付发展持续走在全国前列。

一、强化回归本源，实现公平均衡发展

（一）回归便民支付本源

纠正在移动支付链路中嵌套信贷业务等违规行为，促使移动支付回归小额、便民支付的本源，坚守服务实体经济的初心和使命。破除移动支付市场垄断带来的限制竞争、

价格歧视、损害消费者权益等一系列问题，推动移动支付产业健康发展。加强数据安全和个人隐私保护。遵循"合法、最低、必要"原则收集和使用个人信息，强化数据安全管理。

（二）促进公平均衡发展

平衡头部支付机构和银行业在移动支付市场的发展，引导市场主体依法经营、守正创新。鼓励支持手机银行、手机 Pay、二维码等各类移动支付方式协调发展，满足客户在各类场景下多元化的支付需求。积极推动市场主体加深合作，促进便民场景共建和开放共享，实现行业共赢。

（三）优化市场主体服务结构

推动银行机构充分发挥自身资源优势，不断推进传统金融产品服务数字化转型，创新开发更多的手机银行相关产品和服务。积极发挥云闪付作为银行业统一标准移动支付品牌的优势，提供便民行业的统一移动支付入口，共同为社会公众提供更多综合化的金融支付服务。

二、强化技术融合，实现数字化发展

（一）深度参与数字化改革

移动支付是数字化改革的核心金融基础设施，移动支付之省建设要顺应数字化改革要求，以新技术融合和数据应用驱动，加快产业转型升级，成为数字化改革的重要推动力。要形成与数字经济和数字化改革相互推进、相关作用的良性发展格局，通过数字经济的高速发展不断激发移动支付产业发展新动能，加强移动支付产品和服务创新，移动支付生态体系建设和产业发展进一步助推数字化改革建设。

（二）加大移动支付数据服务供给

针对数字政府、数字经济、数字社会建设中支付服务的薄弱环节，加大移动支付服务供给，采用数字化解决方案畅通改革重点中的资金循环，提供坚实的金融基础服务支撑。在确保数据安全的前提下，深度挖掘移动支付数据价值，探索移动支付数据与政务、外贸、新业态、消费等数据整合应用、相互作用，发挥数据要素倍增作用。

（三）强化鸿沟弥合，实现普惠共享发展

充分兼顾社会大众支付服务需求，确保在快速发展的路上"一个都不落下"。一是推进农村移动支付应用。结合当地乡村振兴举措和数字乡村建设，推动移动支付深度契合新型农村生产、交易、物流、乡村事务管理等各类场景。发挥移动支付在服务农业生产主体、农产品、生产要素以及乡村管理等方面的作用，加强支付数据与"三农"数据的融合应用，发展乡村振兴线上应用场景典范。推动移动支付方式办理银行卡助农服务，发挥示范引领和前沿阵地作用，推动移动支付下沉县域农村。二是提升老年

人移动支付便利度。积极推进移动支付产品的适老化改造，实现大字显示、语音播报、简易操作等功能，方便老年人使用移动支付。鼓励银行机构、支付机构开发老年人专用移动支付产品，让移动支付更有"温度"。

三、强化内外兼顾，实现多元协调发展

（一）对内推动促进内需增长和消费升级

在对外开放的市场环境下，积极创新满足消费者和商户多样化的支付服务需求。充分挖掘内需潜力，有力推动消费升级发展。精准对接企业与商户需求，量身定制移动支付服务方案，为商户经营赋能。鼓励移动支付赋能生活服务业数字化改造、直播电商、跨境电商等新零售业态，助推形成新的内需增长点，不断服务"双循环"发展格局。

（二）对外推动跨境服务和产品出海

充分利用好两个市场两种资源，引导我省先进的移动支付产品、技术和模式合规出海，走向"一带一路"。推进跨境移动支付结算稳步增长，支持跨境电商贸易发展。指导移动支付服务主体更多地参与国际标准的研究和制定，提升国际移动支付标准主导权和影响力。助力智慧亚运，便利境外人士享受境内移动支付服务，服务"智能亚运"。指导全国首家中外合资银行卡清算机构连通公司扩大与银行、支付机构的合作，完善银行卡境内和跨境支付基础设施建设。

第十章 基于大数据赋能的信用卡生态建设和研究

随着大数据技术的快速发展，数据已成为国家基础性战略资源，同时，大数据正日益对全球生产、流通、分配、消费活动以及经济运行机制、社会生活方式和国家治理能力产生重要影响。商业银行对于大数据的规划与应用已经启程，经过多年的发展，商业银行自身拥有海量的客户数据、交易痕迹数据、经济发展信息数据，以及不良客户交易记录、客户流失预兆数据，在大数据应用方面具有得天独厚的优势。商业银行在战略转型中利用好大数据，发挥好大数据的价值，必将大大提升核心竞争力，促进量化管理变革，拓展业务发展空间。

信用卡作为商业银行重要的支撑性业务，可引入大数据技术作为后台支持，进而为信用卡业务赋能升级。本章将结合工商银行浙江分行自身业务发展和大数据应用情况，从信用卡发展现状、大数据赋能信用卡和信用卡生态建设对策三个方面介绍工行在信用卡大数据生态建设上的研究内容与主要进展。

第一节　信用卡发展现状和存在的问题

随着银行信用卡的广泛普及，社会大众已培养起信用卡消费的习惯，信用卡业务的营收在商业银行总收入中的占比越来越高，已成为商业银行零售业务板块的重要组成部分。然而，随着信用卡规模的不断扩大，信用卡在营销、运维、风控等方面的问题也随之突显。

一、客户服务渠道数字化转型迫在眉睫

当前，信用卡营销和服务需求线上化、数字化、智能化特征愈加明显，传统单一、固化的渠道服务模式已无法满足业务拓展需要，商业银行亟需依托金融科技和数字应用，快速转型升级服务渠道，有效突破时间空间限制，开辟新营销获客通道，深化多渠道协同发展，为客户提供随时随地的、高效率且有温度的全新服务体验。

二、产品场景化精准营销能力亟待提升

当前，传统的信用卡扫街营销、批量办卡等模式导致的无效、低活信用卡问题越来越明显，商业银行亟需转变营销思路，充分利用大数据和人工智能技术，有效挖掘客户核心需求，精准触达客户应用场景，将发卡营销、刷卡消费、分期付款、权益优惠等活动与日常消费场景有机融合，在恰当时机开展精准营销推介，为客户提供符合其自身需求的定制化、场景化产品与服务，提升产品自身吸引力和常态化营销能力。

三、客户全生命周期运营体系有待深化

当前，大部分商业银行在信用卡客户营销和运营方面存在"重数量轻质量""重拓新轻维护""重获客轻活客"等问题，缺乏对客户全生命周期的运营管理。为推动信用卡客户的高质量发展，商业银行亟需建立以客户为中心的生命周期管理理念，加强对客户特征、客户喜好、客户风险以及全方位客户触点数据的挖掘和应用，搭建覆盖获客、活客、粘客、留客等多个环节的信用卡生命周期管理框架，切实提升客户服务能力和客户满意度。

四、产品智能化风控体系建设有待完善

随着信用卡的大规模投放，信用卡面临的潜在不良风险也与日俱增，特别是在新冠疫情影响下，信用卡风控业务持续承压。与此同时，科技的飞速发展也使信用卡欺

诈手段不断更新迭代，为传统信用卡风险管理带来严峻挑战。商业银行需要运用大数据、人工智能等技术，积极构建覆盖贷前、贷中、贷后的智能风控体系，全面提升风控能力，为信用卡业务的健康发展保驾护航。

第二节　大数据赋能信用卡生态建设

　　工商银行经过对信用卡业务的多年发展，已拥有海量的客户数据、商户数据、交易数据、服务数据、活动数据等，在大数据应用方面具有得天独厚的优势。对于在信用卡业务转型发展大浪潮中，如何利用好这些数据，充分发挥数据中蕴藏的价值信息，以大数据为技术支撑，解决制约信用卡发展的问题，赋能信用卡业务转型升级，提升信用卡发展核心竞争力已成为工商银行研究的重要课题。

　　工商银行浙江分行充分依托自身信用卡业务发展和行内外大数据情况，围绕信用卡高质量发展目标，从信用卡渠道转型、精准营销、风险防控三方面切入，开展大数据赋能信用卡生态建设的应用和研究工作。

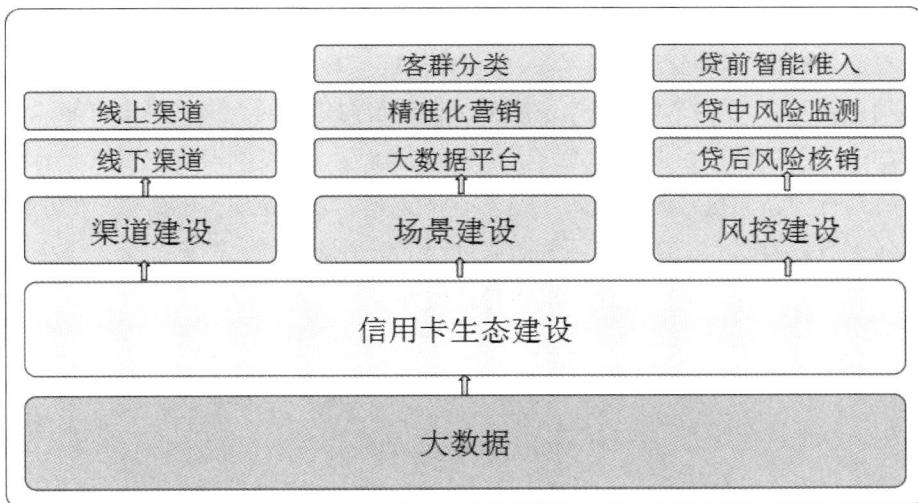

图 10-1　基于大数据的信用卡生态建设

一、服务渠道数字化转型升级

　　后疫情时代，银行服务渠道数字化转型的后浪正呈奔涌之势，以"线上化、非接触"为特征的数字金融被加速推至台前。工商银行浙江分行始终坚持"以客户为中心"，持续深化金融科技和数字应用，加快信用卡服务渠道由线上化向数字化转型跃升。

（一）开辟新型获客渠道

1.打造线上快速发卡通道

过去信用卡申请的流程是客户提交申请表后等待审批结果，银行后台专人对客户申请信息进行核实，并依据个人经验和判断规则做出授信决定，存在审批人员主观判断存在偏差、授信审批流程长等问题。为提升效率和用户体验，工商银行浙江分行基于大数据技术构建综合授信模型，从行内外多个渠道获取并整合客户信息、征信数据，在信用评分模型基础上，准确评估客户信用等级，给予综合授信的建议，完成对客户的自动化授信，满足客户在线申请快速发卡的场景需求。

2.借力外部平台引流

银行与第三方流量公司跨平台合作是当今业务发展的趋势。在持续深耕金融服务的同时，工商银行浙江分行积极顺应互联网发展趋势，借助合作方渠道的流量优势，将自身产品与服务"模块化"，通过金融与互联网的深度融合，为产品和服务智能化推荐提供应用土壤，使银行产品和服务更好地触达客户，有效提升用户规模、拓展渠道边界。例如在推广信用卡产品时与头部电商合作，以购物满减、打折优惠等促销方式，促使客户开卡使用，满足消费场景下"开卡即用"的需求。

（二）创新现有渠道服务

1.打造手机银行云网点

移动设备和"5G"技术的快速发展为银行创新构建云网点提供更多可能，基于手机银行的云网点建设旨在强化网点线上运营能力建设、激发网点线上引流获客能力，依托手机银行创新非接触服务模式，完善即时受理、集约处理、便捷交付的预约服务模式，强化服务协同。工商银行一方面通过线下渠道辅助线上产品优化，分析客户线下渠道的普遍性问题，不断优化手机银行挂失补卡、交易异议、资料修改之类的自助服务流程，提升云网点用户体验；另一方面分析客户在手机银行各个页面的行为数据，精准定位客户需求，为客户提供个性化服务和产品，加速银行云网点生态建设。

2.创新本地特色服务

工商银行浙江分行依托"工银e生活"App，打造分行特色服务的主入口。针对白金卡客群、私银客群、PLUS系列客群及其他长尾消费客群开展不同种类的促销活动，例如"白金卡权益""私银专属权益""PLUS消费""月刷月开心"等。这些活动覆盖面广、权益丰富、体验良好，奖励包括话费、微信立减金、加油卡等各类优惠，参与客户已超百万人次，有效带动了e生活及银行卡活跃客户数、消费额、中间业务收入的提升。其中"月刷月开心"单日参与客户超1万人，已发展为客户回馈的招牌活动。

二、大数据赋能智慧场景营销

伴随着互联网金融的快速发展，传统的信用卡线下人工营销方式已难以满足目前大量个性化、差异化、多样化的需求，亟需通过大数据技术为信用卡营销业务赋予新的活力。通过不断的经验积累和业务场景挖掘，工行浙江分行在信用卡大数据场景营销方面不断进行探索，并取得了阶段性进展。

（一）挖掘营销目标群体，精准匹配营销产品

在激烈的信用卡竞争态势下，如何细分客群，锁定目标客户，挖掘精细化需求，成为业务扩展的潜在发力点。

1. 打造客户专属画像，挖掘客户主标签

工商银行浙江分行根据客户自身属性和特征的不同，为信用卡客户量身定制客户画像，实现标签化管理，并筛选出对客户营销起核心作用的主标签，如根据消费场景和消费能力的不同为客户打上"旅游达人""商务人士"等专属标签，以此生成个性化的营销方案，推荐最适合客户办理的信用卡产品。

2. 细化产品类别划分，形成推荐产品清单

工商银行浙江分行将信用卡产品按大类进行横向区分，划分出普通信用卡、专项信用卡、专属消费卡等大类，结合更细化的输出产品对每一个大类再进行纵向划分，如专项信用卡可再具体分为汽车分期卡、家装分期卡等多个细化子项。在产品细分基础上，依托客户历史购买记录、持有产品情况等数据，按照最优匹配原则进行关联，寻找客户和产品之间的最佳适配关系，给出推荐产品清单和建议指数，便于客户经理在营销客户时灵活选择推荐。

（二）深挖客户需求痛点，打造智能营销场景

客户持有卡多但活跃度低的问题一直存在，为避免过度的营销资源浪费，工商银行浙江分行深挖客户对信用卡及相关产品的内在需求，在信用卡智能营销场景中开启探索之路。

1. 提供智能授信服务，开启信用卡新时代

近年来，工商银行浙江分行在大力拓展信用卡市场的同时，不断创新信用卡授信场景下的金融服务，建立起了完善的授信体系，通过大数据授信模型对未办理信用卡客户自动给出统一授信额度管理。同时引入"预授信"机制，在客户办理信用卡前就可获知自己的初始授信额度，在信用卡额度提前确定的前提下，申办信用卡流程也将化繁为简，做到"秒申请，秒开卡"，同时，只要在"预授信"额度之内，客户可随时申请临时调增信用卡额度，进一步提升了客户的消费积极性。

2. 布局个性化场景，制定专属营销策略

在客群划分基础上，对不同目标客群制定专属营销策略，实现场景定制化营销。如针对个贷客群、代发客群、私银客群等都推出了特定场景下的营销策略，个贷客户具备一定的负债偿还能力，可在信用卡产品营销中适当放宽信用额度；代发客户作为体量较大的群体，通过数据跟踪分析其公司归属、交易偏好、资产变动状况等信息，对此类客户进行归类式营销，面向不同代发客户给予不同的银行卡产品营销；私银客户表现出资金保有量大、净值高的特性，主要侧重于高消费额度的信用卡营销。通过定位不同营销场景，赋予信用卡营销新的活力，进一步完善信用卡生态建设。

（三）延伸营销服务触角，实现全面触达客户

1.推动线上全方位营销

随着互联网的高速发展，银行线上业务已取代线下成为产品营销的主要方式，以我行的信用卡发卡业务为例，线上发卡比例已达70%以上。面对线上竞争的红海，工商银行浙江分行积极应对，将移动端作为银行卡业务的触达核心、竞争制胜的"重器"。在移动端营销布局上，我行引入了"微信公众号＋手机银行＋融e联"的三位一体的线上营销模式，并结合大数据技术手段实现精准触达。

2.引入智能外呼营销新方式

针对非线下的更广泛群体，工商银行浙江分行已于前年开展了机器人智能外呼营销业务。智能外呼引入大数据筛查、云计算、人工智能等新技术，从源头保证客户质量，自动划分客户属性，生成定制化外呼营销话术，一键触达全省信用卡营销目标客户，根据客户信息准确预测其行为偏好并甄别真实的办卡和消费意愿，形成"以精细化营销为导向、以智能化运营为渠道、以数字化转型为抓手"的外呼营销理念。

三、大数据筑牢风险防控堡垒

我国信用卡发卡量和授信融资规模保持迅速增长，但同时也面临着违约、不良不断上升的风险，尤其受疫情影响，信用卡风险防控形势更加严峻。工商银行浙江分行充分发掘大数据与人工智能、生物特征等新兴技术在信用卡业务拓展和智能风控的应用场景，为信用卡产业平稳健康发展保驾护航。

（一）完善客户准入机制，增强贷前审查能力

近年来，线上申请得益于其便捷快速等优势，已成为信用卡的主要获客渠道。然而，线上申请也为伪造申请材料、冒名办卡等风险因素提供了土壤，贷前审查作为客户准入与风险识别的第一关，重要性突显。

1.借助大数据和人工智能，提升客户准入智能化程度

工商银行总行针对互联网办卡申请，引入人脸、虹膜、声纹等生物识别技术，建设设备维度风险特征库，运用多因子生物特征身份核验手段，严格落实客户身份，提

高材料真实性判别能力。一是提升智能调查技术，防范虚假申请和欺诈风险。工商银行浙江分行创新推出系统内首例智能调查机器人，通过引入大数据与 AI 智能，运用多模态智能反欺诈解决方案，实现信用卡调查业务自动化与集约化运营。二是加强智能审批管理，提升风筛和审批效率。针对信用卡审批业务，浙江分行推出了专项分期智能审批系统，利用 RPA 机器人、OCR 电子影像识别、智能审批模型，实现对专项分期申请关键要素和影像的自动审核，在提升风筛水平基础上，有效节省50%以上人力投入。

2. 强化智能授信，全面评估客户偿债能力

工商银行基于大数据平台，从统一授信管理、智能授信提额、防范过度授信三个角度实现客户精准授信。一是通过统一授信，避免"多头授信"风险。以大数据为中心建设的信用卡风险数据中台，通过以产品为中心和以客户为中心的统一数据集成，强化指标萃取，全方位评估用户偿债能力，以实现统一授信。二是引入公积金数据，实现智能授信提额。基于客户公积金缴存信息模型，研发金闪借产品，实时生成客户最高授信额度，为客户提供"秒授信"的优质体验。

（二）强化欺诈交易侦测，提升智能风控水平

数字化转型的背景下，金融服务呈现出数字化、虚拟化的特点，交易双方的真实身份难以验证，交易信息的真假难以辨别，为欺诈行为提供了滋生土壤。

工商银行在积极发挥传统线下风控优势的同时，研究实践"专家规则＋智能建模"的支付事中欺诈风险监控策略，从非本人交易、资金流向监测、违规套现、自动化风控四方面全方位夯实贷中风险监控体系。一是构建信用卡反欺诈人工智能模型，降低非本人交易等欺诈风险。基于工银图灵超维实验室机器学习平台，构建信用卡反欺诈人工智能模型，围绕客户、账户、交易设备等维度，深入分析风险特征，实现事中实时欺诈评分计算，实时监测线上非本人交易欺诈风险。二是建立事中实时和事后全面监测系统，提升违规套现的防控能力。工商银行持续推动大数据、人工智能等技术在信用卡合规风控领域的应用。以事中风险控制系统为例，通过引入规则引擎，并基于信用卡风险数据中台提供的基础指标特征，及时更新套现识别等反欺诈交易规则，全面提升自动化、精细化、智能化风险管控水平。

第三节　信用卡生态建设具体对策

为深入贯彻执行打造"第一信用卡银行"战略目标，夯实客户基础、提升客户质态，不断挖掘和释放存量客户潜能，工商银行浙江分行以信用卡生命周期原理为基础，利用大数据作为分析手段，建立全覆盖的业务深度管理模式，实现保质保量客户精准

拓展和做大做强信用卡运营平台目标，进一步推进信用生态建设。

一、立足激活用卡初期，培养客户消费习惯

在客户办卡后，如何快速引导客户激活和消费、提升用户活跃度是目前信用卡生态建设的重点工作之一。

数据探测，提升卡片激活率。工商银行浙江分行利用已办卡客户的基本信息、客户画像、办卡时间和交易习惯等数据，智能探测领卡后一段时间未及时激活或需要面签的客户，并提供对应服务。一是安排 AI 客服机器人做好对接，为客户提供更多智能、便捷、开放的激活服务；二是智能提取特殊客群，如中老年客户，针对其线上激活操作不熟练的情况，安排专业人员进行对接指导，从而有效提高卡片的激活率。

数字赋能，推动第三方绑卡场景发展。截至 2021 年 5 月末工行浙江分行已有 182 余万信用卡客户在第三方平台上进行绑卡消费，其中 29 万户为 2021 年新增客户。浙江分行围绕"数字化平台"改革，持续深化第三方平台产品、服务、营销能力建设，把第三方绑卡转换为营销获客能力，加强拓户营销、运营、激励等方面的全流程保障和全方位管理。利用数据流信息，准确实时地获取第三方绑卡客户与工行关联的交易信息，分析客户交易习惯，以便进一步营销。此外，工行还推出了一系列的绑卡优惠活动，如首次绑卡返现活动、第三方支付满减活动，均取得不错成效，其间新客绑卡同比增长 20% 以上。

二、聚焦深化黏客阶段，提升客户活跃程度

持续保持客户用卡动力，提升客户消费能力，打造优质客户服务体系，是信用卡生态建设中最重要的环节。

唤醒"长期睡眠户"，重新激发客户用卡意愿。长期睡眠户的激活需要首先挖掘卡片睡眠的原因，可以结合客户特征、用卡习惯、历史交易等数据进行分析，再根据不同情况有针对性地采取促活手段。一是银行必须切实树立"以客户为中心"的理念，不断提升服务水准，让客户真切感受到该银行信用卡相关服务的人性化。二是以数据挖掘分析为支撑，利用客户之前的消费行为，寻找不同客户群及其背景和行为偏好，进而准确地进行产品定位，通过提供差异化服务，开展市场营销，提高活跃度。三是建立用户成长体系，通过消费、每日签到、活动互动模式，让用户自我驱动成长，保持用户黏性。

推动消费额提升，促使用户越刷越开心。一是通过海量客户信息数据分析，针对不同客群差异化，组织场景活动、事件式营销，在提升消费的同时力求打造个性化服务需求。二是利用排队机取号自动识别要客到店，即时通知客户经理接待，利用客户

的产品偏好提供推荐产品，为客户经理现场营销提供抓手。

三、强化客户留存管理，降低客户流失损失

信用卡流失客户的形成原因，主要可以归为以下几大类：持卡人未形成信用卡用卡习惯；银行不计成本"跑马圈地"的发卡策略，导致一人多卡现象严重；银行信用卡激活活动的短期效应。

针对上述流失客户，工行依托客户交易和行为数据，科学实施了一系列留客措施。一是利用智能外呼和短信等形式，多次推送工行信用卡活动信息，强化用户心理，保护用户的既得利益，使得用户响应率越来越高；同时也记录推送次数和客户的参与情况，若多次推送均无参与的客户，提交给相关客户经理做"点对点"沟通，及时掌握客户动向。二是利用数据挖掘技术，对比各家银行信用卡权益的优劣及客户的行为偏好，如有满足客户喜好的活动时，及时通知客户，以达到客户回流目的。三是加大信用卡活动的宣传力度，让顾客知道活动时间段和内容，且利用大数据将客户分类，分析客户的兴趣习惯，定制客户适合产品，预防客户流失。

第十一章 金融科技在银行卡数字化转型中的创新应用研究

发展金融科技、加快金融机构数字化转型是金融供给侧结构性改革的一项重要任务。银行卡业务的数字化转型正在以前所未有的速度发展和进步，金融科技是银行卡业务开展数字化转型的关键力量，在客户、支付、服务等领域不断渗透融合，正深刻并持续地改变产业生态。

第一节　银行卡数字化转型现状和存在问题

银行业界在"互联网＋"浪潮影响下，随金融科技快速发展成熟，数字化能力不断增强，银行卡产业加速变革。

一、数字化转型拓展能力和服务边界

产业各方积极构建开放合作生态，共同拓展市场和能力边界，沿着数字化方向加快转型升级，在监管规范、开放竞争的环境下，持续提升服务实体经济效率，并向更高质量和更大规模的国际市场迈进。

产品模式多样。从传统的磁条卡到 IC 卡再到无实体卡，银行卡不再基于一种介质，发卡模式更加多样；支付产品也在不断完善，兼顾安全和便利。

用卡场景广泛。商业银行在线下发展的基础之上，着力打造线上平台，为银行卡构建新生态圈。以"金融＋场景＋科技"的发展模式，为生态圈的生成创设良好的内外条件。

服务模式升级。疫情促成了"非接触"模式的试水与应用，是对银行数字化能力的考验，也为银行转型创造了机遇。传统银行卡业务依赖于线下网点，服务频次较低，交互强度不高，对存量客户无法深耕。互联网全面普及提升了金融服务的可触达性，为积累客户数据、分析客户行为提供更多途径。

运营体系成熟。信用卡交易规模增长呈现梯队效应。招行以超 4 万亿元创新高并领先，平安、工行、建行跃入 3 万亿元梯队，大力推动科技创新，数字化运营服务成效渐显。分析数据显示，信用卡数字用户活跃规模增长态势明显，股份制银行率先发力以信用卡作为零售数字化转型的重要抓手，从获客、运营到服务，强化在线化、数字化，数字用户活跃规模表现优于国有行。

二、银行卡产业转向精细化发展

金融科技的发展和商用化落地，催化了银行卡产业变革，积极拥抱新技术，从跑马圈地粗放式的发展转向更加精细化的服务已经成为当下共识。

金融科技浪潮兴起，内外部变革压力加剧。在整个金融行业中，银行业是资产规模最大的支柱型行业，信息化程度高，在金融科技浪潮中首当其冲迎来冲击，面临内外部的双重变革压力。外部，互联网金融快速壮大，对传统业务产生冲击。内部，银行组织结构、决策流程、跨部门沟通等方面都需要调整优化，适应新的发展环境。

囿于自身资源条件，业务增量放缓。近几年银行机构的发卡规模较大，但卡海战术终有到尽头，从工、农、中、建、交五大国有银行，以及招商、中信、平安、光大、民生、兴业、浦发等股份制银行来看，新增发卡量增速已放缓。与此同时，不均衡问题仍很突出，各个区域分布不均衡，服务应用年龄分分化严重，交易规模增长呈现梯队效应。

科技能力将成为未来银行决胜的关键要素。地方监管部门强化信用卡新规实施后，逾期半年未偿信贷总额及不良率有所下降，但信用卡不良率仍处高位。受疫情影响，信用卡业务违约风险加剧，风控压力持续加大。

进入数字化时代，长尾客群成为竞逐重点。面对庞大客群的个性化、碎片化需求，新兴技术应用在获客、留客、活客、业务处理、分析决策等方面尤为重要，科技能力是未来数字化银行的基础能力。

三、金融科技推动产业加速变革

疫情催化了数字化变革，金融科技在银行卡业务的数字化转型中发挥着巨大的作用。

金融科技成为业务发展的主要推动力。金融科技的升级和迭代发展，创造了技术应用与业务创新融合的银行服务新形态，提供无所不在的银行卡服务。云计算、大数据等技术有效改善了信息不对称的情况，分析用户行为，形成精准画像，创新产品，提供个性化服务。指纹、人脸等生物识别技术，为业务在线化迁移提供强力支撑。

金融科技在风控领域应用前景广阔。在风险管控和数字业务的安全保障层面，金融科技也大有可为。通过机器学习分析欺诈转移模式，实现发卡时大规模实时审核支付卡的授权请求；通过对疑似涉赌的相关交易构建知识图谱，侦测出异常交易风险点，由点及面地进行风险管理，增强拦防能力，智能风控更加立体和全面。

金融科技是数字化转型的重要支撑。银行卡业务的数字化转型正在以前所未有的速度发展和进步，这不仅是当前疫情背景下解决银行服务的必要手段，同时也是不断进化的时代和社会对银行业务转型升级的必然要求。拓宽渠道、优化体验和风险管控都将是当下金融科技在银行卡业务中实现价值创造的重要领域。

第二节 金融科技在银行卡数字化中的作用和价值

在数字化转型中，金融科技在客户、支付、服务等银行基础核心领域发挥着重要作用。

一、助力达成全域触客

客户是银行卡业务的核心主体，金融科技有效地提升了获客、活客、粘客。

（一）渠道延伸向在线化演进

随着银行卡产业不断的变革、全量客户管理理念的深入，整个银行卡市场逐步转向线上化、开放化的产业布局。

加快线上化发展，实现全域触达。受疫情影响，"非接触式金融服务"已成为弥补银行实体网点服务最重要的渠道。线上化不仅是变革手段，更是服务需求，明确触达内容，使得银行卡活动具有特异性，打造活动记忆点，在兼顾频率的同时提升活动新鲜感。工商银行持续加大便捷高效的线上线下一体化服务供给，在业内率先构建并推出"云工行"非接触服务平台，通过对业务云办理、急事屏对屏、沟通全天候、服务一体化、开放式智慧生态等多元服务场景的整合优化，让客户"随时随地"办理业务。

深化渠道建设，创新合作机制。面对巨大的消费信贷市场和多样的信贷需求，跨界合作是必然选择，借助新兴互联网公司丰富数据和客户画像，准确定位客户目标，提供符合客户需求的产品。工商银行银企互联平台为大型集团企业、政府、军队、金融同业等优质客户提供高端线上服务，系统有机互联，整合双方资源，建立快捷畅通的信息交互通道，提供安全、实时和个性化的在线服务。

（二）介质变革为全新体验奠基

银行卡与个人银行账户相关联，在本质上属于个人银行账户的载体和介质。随着信息技术的发展和大众需求的多样化，卡基介质正发生深刻变化。

支付介质呈多样化和虚拟化发展。随着各种信息存储和信息交互技术的发展，智能可穿戴设备普及，银行卡的支付介质创新向多元化和虚拟化发展。本质上，实体银行卡可以被一串无形的数字所替代，满足多元化的交易场景需求。

生物特征正成为新的支付载体。指纹、虹膜、人脸、声纹等多种基于生物特征的技术正在成熟和应用，识别持卡人身份的手段趋于多样化。工商银行内建生物识别自研平台，在支付应用基础上，已将其推广至互联网、柜面等渠道等各类金融业务。

数字无界卡开启全新体验。通过数字化手段融合银行卡实体产品和线下场景并行，银联数字无界卡实现全流程数字化申卡、领卡，始于"卡"又脱胎于"卡"，为持卡人提供新一代体验。无界卡以创新的数字形态，满足用户消费、存取现、转账、闪付、条码支付等多元化需求，服务范围辐射境内外，打通线上、线下多样化支付场景，通过支付标记化、通道加密、实时风控等全方位的技术手段，确保资金与信息安全。

（三）智慧网点创新沉浸式体验

"知识、技术、管理、数据"已经成为新的生产要素，工商银行坚持新发展理念，致力于推动金融、科技、生态融合共进，加快智慧银行旗舰店建设，依托"技术驱动、服务协同、场景链接、生态融合"的新一代智慧网点，创造极致的客户体验。

智慧银行借助金融科技对网点资源及业务流程进行深度整合优化，在大量被动式、标准化、信息型的业务转移到线上的基础上，聚焦和沉淀主动式、个性化、价值型的业务，将网点逐步从传统的业务交易中心转型为产品营销和客户体验中心，突出增值服务、创新服务体验，形成以"智能化体验""客户为中心"的服务流程和模式。工商银行在北京金融街区打造新一代智慧银行旗舰店，将金融与政务、普惠、文化、社区、教育、出境相融合，为客户提供一站式、无断点的金融服务。

要客识别，提升到店客户营销能力。工商银行依托科技与渠道力量，持续优化网点要客识别，提升网点个性化营销与服务水平。客户到访线下网点时，通过传统介质、生物介质、虚拟介质等识别客户，按照客户级别信息、业务办理类别、实时排队情况等数据计算最优办理方式，推送厅堂人员对客户进行引导服务，及时将网点客户流量分流到柜台或自助设备进行业务办理。同时，针对流程触点，建立目标客户数据库，实现到店客户实时匹配，做优个人客户结构，推进客户高质量发展。

渠道协同，丰满个人客户画像。智慧网点在各个系统的协同下，完成对客户各个接触点的数据采集、监测、分析和分发，实现协同精准营销和协同体验提升。例如基于数据洞察的多渠道协同精准营销，在客户到访网点完成身份识别后，通过智能化筛选，实时分析客户等级、资产、行为等特性，挖掘客户潜在营销需求，适时向客户推送个性化产品方案，实现多渠道协同精准营销。

创新机具，强化客户沉浸式体验。金融创新已经成为银行突出竞争重围的重要解决方案，代表创新思维的智能网点纷纷投入使用，业务流程富有沉浸感，让客户更愿意走进来、坐得住。金融产品超市、贵金属展示橱窗、智能电子茶几、智能理财桌等新型科技产品，把产品信息、业务活动实时展示，在多个渠道展开丰富多样的互动，让客户产生共鸣，在体验中完成营销。

（四）持续推动支付变革

支付是银行卡业务的基础支撑业务，金融科技有效地提升了产品形态、支付安全和体验。

形态丰富，产品层出不穷。多种多样的支付形态不仅是技术发展的产物，更是顺应时代和用户需求而诞生的业务解决方案。不同的支付产品形态针对于不同的场景有各自擅长和推广、应用的领域。

百花齐放，多种场景并存。支付行业仍在高速发展，用户需求呈现出多样化的特点。不同形式的移动支付对安全性、可操作性、实现技术等各方面都有着不同的要求，适用于各类不同的场合和业务，主要根据具体需求选择适用的产品。

顺势而为，积极扩展新形态。通过对接头部支付渠道，借助其大流量、普及性进行引流和获客，同时，分析不同客群和场景的支付需求，扩展丰富支付形态。对于数字人民币（E-CNY）等新兴的支付载体，围绕支付工具和资金源头两条主线，聚焦智慧民生、跨境金融、数字政务、商事赋能等领域创新突破，推动数字人民币与银行金融服务和社会生产生活场景融合。

创新实践，提升产品竞争力。工商银行推出了多种支付形态的"工银e支付"，提供灵活验签方式，既支持安全的大额支付，也支持便捷的小额支付。基于e支付可以扩展出丰富的应用场景，工行浙江分行打造的集成支付平台，实现客户、场景、服务、通道、入口的多重聚合，提升支付体验和产品竞争力。

认证多样，提升支付体验。支付认证是支付业务的核心，银行通常拥有多重认证方式以应对不同的用户需求，综合考虑便捷性与安全性，在不同场景下采用不同级别的安全认证方式，常用的有短信验证码、数字密码、指纹/人脸识别等。

多样化认证对支付体验是双刃剑。一方面使得产品形态更加多样，另一方面可能对用户流程体验产生负增益，若认证方式不匹配，有可能导致支付中断，降低支付成功率。在支付认证过程中，因业务逻辑复杂，支付体验的关键不仅仅在于流程是否顺利，更在于遇到问题后进行有效的引导和辅助。

以用户为中心，提升支付认证体验。一是"认知简单"，采用通俗易懂的表述、可视化形象表达，让用户易于理解并做好准备。二是"简洁一致"，各种认证方式的界面布局保持一致。三是"平级切换"，确保其他认证方式与当前智能路由方式的平级关系，在需要时快速完成认证方式的切换。四是"流程通用"，不同的认证流程，设计使用通用模块，保证流程一致性。五是"反馈有效"，及时有效反馈结果，结合场景来选择反馈的形式并提供后续操作引导。

赋能赋智，守护支付安全。数字化的迅猛推进，各类与数字化相关的安全风险也在加速积累。

赋能赋智风控，是要求也是趋势。人民银行发布的《基于大数据的支付风险智能防控技术规范》，明确提出基于大数据、人工智能等技术开展支付风险防控所需的技术框架和系统实现的安全要求，指出应利用先进技术对风控数据进行保护、接入、处理、存储、计算等，精准而全面地防控各类支付风险。

金融科技赋能，提升全流程安全能力。充分利用新兴技术，完善和强化身份鉴别、访问控制、入侵防范、资源控制等安全策略；采用双因素甚至多因素认证，防范恶意攻击，保障系统和业务安全。例如"支付标记化"技术应用，对支付交易流程中的重要信息进行脱敏处理，生成支付标记，使用标记信息发送支付请求，再由合作方将标记信息进行还原，避免支付信息暴露。

辅助实现无界服务。在金融科技的赋能加持下，金融服务在线化快速发展，无界服务已逐步融入客户日常。

疫情"零接触"加速服务变革。"零接触"线上服务，加速了金融行业"去人工化""去网点化"服务变革。

支付结算时效提升。疫情防控对资金汇划、结算提出更高要求。在人民银行支持下，银行业放开小额支付系统业务限额，延长大额支付系统时限，7x24小时满足各类资金汇划需求；对必须到银行柜面办理的业务，逐项提出替代解决方案[7]。同时，优化账户业务办理，如部分银行优化基于II类银行结算账户的支付结算服务和功能。

产品服务体验优化。疫情期间各类金融产品供给与销售受到影响较小，银行各渠道产品服务不断提升。工商银行浙江分行"银行卡物流系统"新开通银行卡"省行—客户"直邮模式，解决传统发卡模式层层流转、耗时冗长的痛点问题，减轻基层行分拣压力，降低邮包丢失错漏风险及接触风险，提升银行卡寄达率、开卡率，实现减负增效。

"GBC"联动构建场景全链服务。向内公私联动，批量获客。强化内部部门联动，加大行业客群的产品渗透，推动职场营销，吸引客户批量办卡。积极开展场景创新，打造便利的应用场景：例如与结算部联动，联合中石化和汽车经销商，快速构建ETC无感加油场景；与机构部联动，推出驾校、政府引进人才专项信用卡。向外合作推进"互联网+政务"。加快与政府合作方建设统一的信息服务平台，整合市场监管、税务、海关、民政等部门信息，破解银行与企业、个人信息不对称问题，综合运用金融科技手段，搭建全事项、全流程、全覆盖、全场景应用智慧政务综合服务平台，与政府相关部门沟通，拓展先机，推动构建可信的全场景环境。

智能适配强化客群运营。在金融科技的支撑下，智能适配优化金融资源配置、强化目标客群精准运营能力不断提升。

客户画像精准分层。利用大数据信息资源进行挖掘应用，监测客户群的银行资金业务轨迹，精准查找客户群，提升营销成功率。以客户为中心，通过关注客群效益贡献，深入分析客户对银行产品与服务的真实需求，精准施策、因地制宜地设计和创新银行产品与服务。

金融科技减负增效，兼顾长尾。工商银行推出人工智能外呼应用，针对优质客户、预审批客户、存量绑定借记卡的ETC客群等，从中筛选高借记卡消费、高办卡意愿客户开展空中营销，第一时间引导已成功开卡的客户到网点领卡启卡绑卡，锁定营销成果。

消费金融蓬勃发展。在互联网金融发展大潮下，商业银行通过自建消费生态圈及与第三方互联网企业合作等方式布局消费金融场景，拓展线上+线下获客渠道。从发展成效上看，大小商业银行对传统消费信贷业务进行了不同程度的线上化改造，相较于传统的消费金融服务模式，服务效率大大提高、服务人群有效延伸、客户体验不断增强。其中，分期业务作为信用卡的重要构成，已成为信用卡交易规模及收入增长的重要贡献。

第三节　基于金融科技的银行卡数字化转型对策

银行卡数字化转型是持续发展的过程，在金融科技迅猛发展应用的大潮中，需要各方合力，共同推动产业数字化转型。

一、政策监管全局顶层规划

2021 年政府工作报告既从宏观经济、市场层面揭示了银行创新发展面临的重大机遇，也从微观主体层面指出了银行在过去发展过程中暴露的一些不容忽视的问题，为下一步银行稳健运营，提升服务实体经济质效指明了方向。在新发展格局下，银行应抓住新经济下结构转型升级的机遇，深耕区域，加大自身业务结构调整，大力发展绿色金融，响应碳中和目标实现；全面促进消费，开发国内最终消费市场，保证健康有序的发展态势，银行卡产业必须向高质量、精细化方向迈进。

数字化转型没有现成的模式，必须开展大量的探索，先行先试，敢"创"敢干，在国家推进金融双向开放政策框架下，注重利用国际国内两个市场、两种资源，力争在移动支付、数字银行、保险科技、法定数字货币等领域抢占先机，着力提升数字化时代商业银行国际竞争力。

二、基础设施全面迭代升级

金融行业作为关系国计民生的重要行业，在当前的大环境下，基于政府提出的政策指引，依托行业协会共建共享，积极在行业内合作共赢、探索实践，才能走出一条数字化转型的长久之路。

银联强互联之基，构建产业新基座。中国银联在中国人民银行的指导下，创新业务模式和产品，以更强的便民属性促进数字化发展。在银行卡体系建设上，以"银联无界卡"为基础，探索深化发卡模式、管理模式、安全应用全流程数字化，推进银行卡无卡化趋势迈向数字化新阶段。在互联网改造金融的背景下，以更强大的技术能力，赋能金融行业数字化转型，为金融机构带来更多的想象空间。

行业协会聚行业之力，打造产业新生态。中国银行业协会作为行业社会组织，履行"自律、维权、协调、服务"的职责，广泛借鉴金融科技在行业的成熟应用经验，夯实信息科技基础，增强自身信息技术服务能力，促进与金融机构间的经验交流与协作，助力银行业高质量数字化转型。

各行百花齐放，探索数字化转型道路。银行业依托金融科技应用优势，寻求互联网转型路径，为用户提供不同形式和渠道的产品服务，打造多种场景，提高市场占有率。各银行发挥己长，在数据化转型的道路上积极探索。工商银行作为国内体量最大的银行，其金融科技和数字化改革也走在最前列，目前已搭建"一部、三中心、一公司、一研究院"的金融科技新布局。

三、金融科技全景赋能赋智

随着金融与科技的深入融合，在A（人工智能）、B（区块链）、C（云计算）、D（大数据）、I（物联网）等几大技术力量作用下，将为银行卡业务的未来提供强大助力。

云计算技术的发展已经进入成熟期，金融云的应用也正在向更加核心和关键的"深水区"迈进，未来将更加关注安全稳定与风险防控。

大数据技术在金融领域的应用已成为当下金融行业成熟的基础能力，其在交易特征分析、个性化营销、风险智能管控等领域创造了巨大的应用价值。未来，随着数据资产化愈加凸显，更有深度的大数据分析变得越来越重要，用户画像和知识图谱也将成为其中最重要的技术。

人工智能技术在银行卡业务中的应用覆盖营销、风控、支付、客服等多场景、全流程，未来人工智能将与大数据技术结合应用，带来更稳定、成熟、精确的服务。

区块链从概念走向应用，其特殊性决定了它不仅仅是技术，有可能给银行卡领域带来颠覆性业务、技术的新事物，它的应用价值需要进一步去挖掘和创造。

物联网技术随着网络技术的发展，近些年得到了高速的进步，银行卡业务领域中，物联网在押品监测、供应链金融等方面均具有巨大的应用潜力。未来，借助5G网络高带宽、低时延的优势，这个万物互联的世界将变得更加紧密、更加成熟。

金融科技的快速发展，持续催化并加速金融行业的数字化变革，各银行在监管框架下，纷纷开启数字化转型之路，百花齐放。未来，在政府监管的顶层规划体系内，在中国银联和行业协会的产业生态基座上，数字化改革的力量必将推动银行卡产业迈向新的台阶，数字化未来可期！

第十二章 银行数字化转型下的支付中台建设研究

在科技的驱动下，我国由"互联网+"迈入"智能+"新阶段，银行也迈入了"4.0智慧银行"新时代，面临着金融生态格局重塑的挑战。支付作为银行传统核心业务，近年来三方支付机构凭借新兴支付产品，切开了银行金融的口子，银行这才重新意识到支付的业务价值。银行应该以支付为突破口，借助金融科技建设支付中台，构建场景金融，加快数字化转型。文中围绕支付工具、资金清算、商户服务三个维度聚合的目标建设支付中台，并通过"支付+"赋能业务，在多个行业场景共建，其中专业市场"支付+投融资"的场景解决方案是一个典型成功案例。

第一节　支付中台建设背景

一、银行业态的演变

科技是第一生产力，作为科技的产物，大多数人对第四次工业革命和工业 4.0 非常熟悉。银行，作为服务于实体经济的主要金融机构，也在科技的助推下，完成了从 1.0 到 4.0 的业态转型。

从以物理网点为主的"水泥银行"，到以网上银行和自助设备为标志的"鼠标银行"，再到基于手机银行和智能设备的"移动银行"，目前正朝着以客户服务为中心、开放化、智能化、普惠化的"智慧银行"方向迈进。

与银行 1.0、2.0、3.0 不同的是，在未来银行服务将会嵌入到生活的方方面面，无处不在，这就是银行 4.0。银行 4.0 将重塑金融生态格局，各大银行都在加快数字化转型的步伐，这其中也带来了一系列挑战，而金融科技将成为推动银行数字化转型发展的"第一动力"。

二、支付形态的演变

作为银行金融机构"存、贷、汇"三大核心业务之一，支付是银行获客引流的核心入口，是银行金融产品和服务的重要基础。

回顾一下支付演变历程，我国现代化以来最早使用的是现金支付和票据支付，这时银行是最主要的中介和服务机构。90 年代以后，随着电子化技术的发展和金卡工程的建设，迎来了银行卡支付，并逐步抢占了大额批发领域，以银行为主的 POS 收单模式开始大规模推广。2010 年以后，随着互联网技术和移动技术的发展，扫码支付、NFC 支付、云闪付等移动支付快速抢占支付市场，尤其在小额零售领域，以微信和支付宝为主的第三方支付成为主流，并打出无现金社会的口号。近两年，随着生物识别技术的普及应用，以刷脸付为主的智能识别支付开始兴起。

伴随着技术发展，支付形态完成了从 1.0 到 4.0 的演变。在支付形态的演变过程中，支付的便捷性和用户体验大幅提升，用户的支付习惯被迅速改变，支付市场的交易规模和影响力也在快速扩大。

第二节 支付中台建设必要性

一、传统支付面临的冲击

从现金支付、票据支付到银行卡支付，这些传统支付产品都是以银行为主提供支付收单服务，银行一直掌握着支付入口和用户数据。在"互联网＋"的浪潮下，大量科技公司尤其是以微信、支付宝为主的互联网巨头跨界涌入支付领域，对传统支付进行升级改造，推出线上支付、二维码支付、刷脸付等新兴支付产品，以支付为剪刀，剪开了银行金融业务的口子，银行逐渐沦为通道，银行这才开始意识到支付其实是场景金融建设的关键闸口。

对比传统支付，新兴支付产品主要有以下几方面的优势。一是产品体验好。新兴支付产品从诞生起就充斥着互联网基因，在产品设计、技术应用、用户体验等方面都是极致打造，提升了用户支付的便捷性，解决了传统支付产品的痛点。二是准入门槛低。业务层面，传统银行支付产品对商户以及 POS 服务商都有很高的资质要求，入网材料众多、流程繁琐、审核严格，导致很多客户望而却步，而由三方支付机构推动的新兴支付产品大大简化了流程。技术层面，传统银行支付产品过度注重安全，产品对接复杂，而新兴支付产品不仅降低了技术要求，甚至还有很多拿来即用的产品，如微信和支付宝推出的商家收款码、收款盒子。三是用户受众广。微信、支付宝凭借其庞大的客户群，分别通过"社交＋支付""电商＋支付"切入，借助春节抢红包造势，大大降低了营销成本，潜移默化之中给用户培养了新的支付习惯，推广了新兴支付产品。四是运营服务强。对于新型支付产品，支付只是起点，在支付之后，有灵活的资金清算模式，统一的数据视图，丰富的增值服务，还有配套的金融产品，打造了金融生态圈，如蚂蚁金服在支付产品的基础上，配套有理财、融资、征信、保险等多款产品，形成了"支付＋"综合服务能力的输出。

二、传统架构面临的危机

从"水泥银行"经历"鼠标银行"和"移动银行"，再迈向"智慧银行"，银行业态的演变，可以说是一部银行信息化的发展史，银行信息系统从无到有、从传统到智能。银行信息系统的建设，传统都是采用项目制竖井式开发，即每次来业务需求，都是重新设计流程、重新分功能模块进行开发。如果后续有类似需求或者需求发生变化，由于前期设计的不通用，往往很难进行改造，需要重搭系统。随着一二十年的日积月累，形成了大量的巨石型应用和烟囱式应用。这些应用，功能冗余、结构臃肿、耦合度高，导致无人想动、没人敢动、牵一发而动全身,造成银行信息系统大量重复建设、创新乏力。

另一方面,在银行数字化转型的背景下,对银行的 IT 架构也提出了更多的挑战,要求系统支持高可用、可扩展、低成本、高效率,可以快速响应业务需求的变化,传统架构已无力支撑,正面临着严重的危机。对此,业界提出了中台架构。什么是中台?中台是业务能力复用平台,是平台化的自然演进,是多领域、多系统的职责协同,其目的是提供业务快速低成本创新的能力,核心是共享服务体系。对比传统架构,中台架构主要有以下几方面的优势。一是赋能业务创新。通过对业务进行抽象,沉淀形成核心能力,基于共享和复用,可以快速打造一款产品推向市场,提升业务快速创新和试错能力,更容易把握风口、打造出爆款产品;同时,业务能力的抽象和沉淀,也会加深对业务的理解,提高全局意识,更容易萌发出一些组合创新和集成创新产品。二是提升研发效能。基于组件化研发,将核心能力抽象成构件,积累形成构件仓库。当面对新的需求或者需求发生变化时,研发就好比搭积木,从构件仓库选取合适的构件,重新编排流程和搭配组装,就可实现新的功能,大大降低了研发成本,提升了研发效能。三是降低运维压力。基于服务共享体系,提升了组件复用能力,减少了系统重复建设,进一步减少了系统数量,而且组件高内聚、低耦合,业务职责明确、逻辑结构清晰,可维护性大大提高,降低了运维压力。四是打造数字化运营能力。中台架构,有助于打通信息孤岛,沉淀核心数据。数据就是资产,数据就是数字化运营的基础。有了大数据,通过对数据的分析、挖掘,形成客户画像,可以更精准地服务客户,形成业务指标,可以更好地做经营决策。

从支付形态的演变,我们可以看出,支付业务变化之快,新兴产品层出不穷,传统架构已无法跟上支付产品的快速迭代;同时,支付业务连接了 B 端商户和 C 端客户,是最基本的民生业务,又涉及资金流动,对系统要求很高,采用传统架构已无法支撑支付产品的运维运营。

三、支付中台的业务价值

支付收单业务,同时连接着 B 端和 C 端以及信息流、资金流、数据流"三流合一"的属性,成为各大机构的必争之地。银行要加快数字化转型,重新夺回支付市场,以"支付+"实现赋能,需要尽快着手建设支付中台。建设支付中台至少具有以下几方面业务价值。一是获客引流。获客难、获客成本高一直是萦绕银行传统获客模式的一大难题,支付作为高频场景,借助于支付入口,不仅可以实现高效获客,而且客户黏性更高。二是资金沉淀。支付伴随着大量资金,商品/服务的交付时间差、资金结算方式不同等原因,作为提供收单服务的收单机构,会拥有一笔巨大的资金沉淀。三是中间业务收入。按照目前的三方或者四方分润机制,作为提供支付收单服务的收单机构,每笔支付交易都会有一定比例的收单分润。四是构建场景金融。以支付收单业务为抓手，可以打造多维度、多业态、"支付＋投融资"场景解决方案，最终贯通整个金融生态，带动存款、贷款、理财、融资等业务协同发展，同时赋能 B 端和 C 端。

第三节　支付中台建设思路

不断涌现的新兴支付产品，脱胎于传统支付，并对传统支付带来了巨大的冲击，但并没有颠覆传统支付，只是弥补了传统支付在某些场景下的不足，拓宽了支付的边界。为加快银行数字化转型，抢占支付这一重要领域，银行需要以开放的心态，建设支付中台，以"支付＋"构建场景金融，打造金融生态圈。支付集信息流、资金流、数据流于一体，因此建设支付中台要实现支付工具、资金清算和商户服务三个维度的聚合目标。

一、支付工具的聚合

支付工具，直接面向终端用户，是支付中台的入口。支付工具，与支付使用的场景息息相关。比如用户要购买一件商品，如果是在线上购买，一般会通过 App、收银台、公众号等方式直接下单支付，最为便捷；如果是在线下购买，一般小额会通过扫码支付、刷脸支付，大额考虑到安全可能更偏向于使用银行卡支付。支付工具，除了取决于用户的选择，同时也与商户的受理能力有关。同样是二维码支付，中大型商家有部署收银机或者 POS，可以受理更为安全的客户被扫支付，而小微商家考虑到成本，可能只张贴了二维码，只能受理客户主扫支付。支付工具的聚合，主要包括支付介质、支付方式、支付通道三个方面。支付首先要有支付介质，伴随着技术进步，支付介质在不断丰富。银行卡从最初的磁条卡，进化出芯片卡、复合卡，又衍生出 Apple Pay 和各类 Android Pay；然后又有了各种形态的二维码，其中包括静态码和动态码；随着生物识别技术的成熟，人脸、指纹、虹膜、声音等生物特征也可以转化成数字信息用于支付。支付方式可以分为线上支付和线下支付两大类，与支付介质相伴相生。以线下支付为例，随着银行卡介质的进化，银行卡支付可以细分为刷卡支付、插卡支付和挥卡闪付；有了二维码，根据二维码的出示方，二维码支付又可分为主扫支付和被扫支付；同样，以生物特征为介质也产生了刷脸付、声波付等。支付方式直接面向用户，而支付通道常常不为人所知，其承载着支付方式的后台链路。在银行卡时代，一开始各家银行互不相通，各自只能受理自家银行卡，后来银联金卡工程实现了跨行通用；在二维码时代，一开始微信、支付宝、银联、银行以及三方机构的二维码各自为战互不相通，后来统一规范相互打通，统一通过银联和网联接入实现了断直连；同样的思路也适用于刷脸付等新兴支付产品。

二、资金清算的聚合

支付伴随着资金，资金清算是支付中台的坚实后盾。资金清算的聚合，主要包括资金来源、清分模式、资金安全三个方面。为支持多种支付工具，或为实现高可用，支付中台往往需要对接多个通道，因此需要对多个通道的资金进行整合。不同的通道往往存在着差异性，比如在资金时效方面，有 T+1 模式和 D+1 模式，其中 T 指工作日、D 指自然日；在资金账单方面，获取方式、数据格式也有不同的规范。清分模式是资金清算的核心。要屏蔽不同通道的资金来源差异，对商户做到透明无感，同时要支持商户模式、账户类型、到账时效、分润模式、记账模式等多方面的清分需求。对于资金清算，安全始终是首位，因此需要有健全的风控机制和风控模型。另外对于资金清算，难免有各种不可控因素导致的差错，因此需要有完善的差错处理机制和差错处理平台。

三、商户服务的聚合

商户服务，是支付中台的价值体现。商户服务的聚合，主要包括账单服务、金融服务、增值服务三个方面。账单服务是商户服务的基础。随着支付产品的发展，商户收银工具越来越多，问题也随之而来，不同产品、不同渠道的数据分散在各处，商户要投入大量精力去采集、汇总和分析数据。提供一份统一视图的对账单，可以解决商户上述账单乱、对账难的痛金融服务是商户服务的核心。在商户的采购、生产、销售等经营活动中，伴随着支付，同时也贯穿着对金融服务的诉求。通过以支付作为切入点，以支付数据形成客户画像，可以更了解客户，更精准地提供金融产品，带动存款、贷款、理财、融资等多项业务协同发展。增值服务是商户服务的升华，是竞争力的体现。在账单服务和金融服务的基础上，可以利用支付数据，提供销售分析、收支情况、营销活动、经营策略等多维度的增值服务，也可以通过"支付 + 广告""支付 + 会员""支付 + 发票"等场景实现价值输出。

第四节　支付中台建设实践

一、技术架构

支付中台以高可用、可扩展、低成本和高效率做为设计目标，采用分布式架构，集群云化部署，提升容错能力；采用服务化体系，抽象业务共性，增加服务重用，构建了一个虚拟化、服务化、轻量化的技术框架。应用服务采用负载均衡、数据服务采用冗余备份等容错机制；当服务检测到调用方发生异常时，自动触发熔断、限流和降级，保障自身安全；当服务检测到自身故障时，将异常节点自动脱离服务列表；所有服务具备故障自动检测能力、自动恢复机制，充分保障服务高可用和业务连续性。基于分布式架构和服务化体系，支持系统级和业务级的快速扩展。当业务容量出现瓶颈时，快速部署服务节点，适应业务的高速增长；当业务需求出现新增或变化时，快速编排、快速构建，适应业务的灵活扩展。采用 PC 服务器替代传统 IBM 小型机、充分运用虚拟化技术和集群技术，降低服务器资源需求；采用开源软件代替专用软件，降低应用平台资源成本。基于功能组件化、开发迭代化和运维自动化，实现从需求响应、功能研发到系统运维的高效率。功能组件化，通过抽象业务共性，解耦系统关联，增加服务重复利用；开发迭代化，通过敏捷开发、自动化测试，支持功能快速上线；运维自动化，通过快速构建、智能部署、自动巡检，实现运维自动高效。

二、应用架构

支付中台的应用架构如图 12-1 所示。

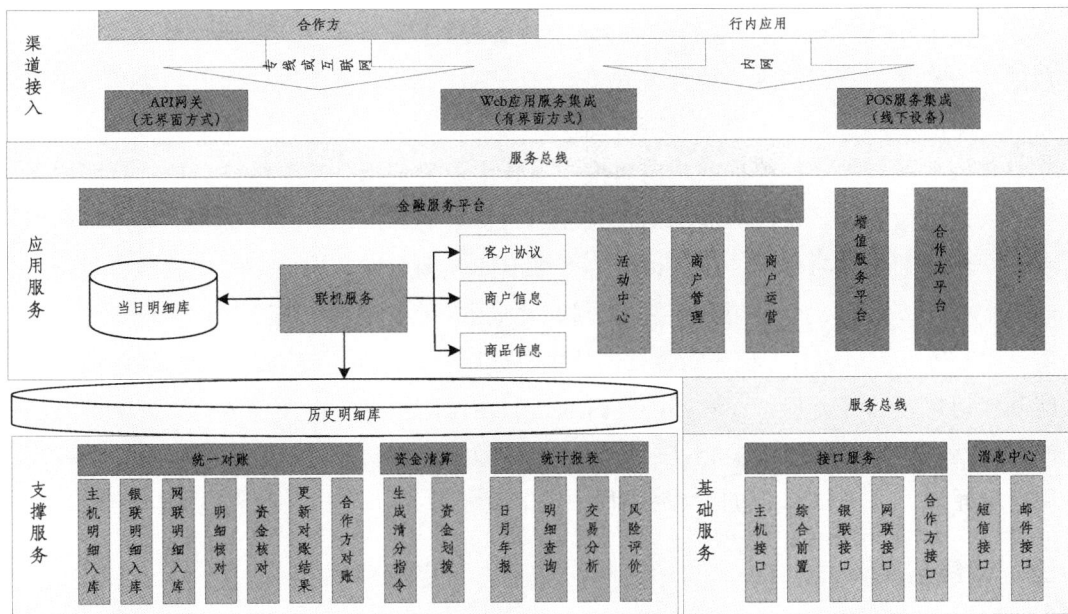

图 12-1　支付中台的应用架构

整个应用架构分为四层，从上往下分别为渠道接入层、应用服务层、支撑服务层和基础服务层。渠道接入层主要受理多渠道交易接入，屏蔽渠道间差异，提供安全控制、服务限流等基础服务，是整个支付中台的入口。无界面方式接入，是最基础的接入方式，通过 API 方式接入，接入后首先进行安全检查，通过后路由给相应的应用服务，对外提供的是原子级的接口服务。有界面方式接入，通过 Web 方式接入，在支付接口的基础上，对支付业务的基本功能场景、流程和交互做一些页面级封装，提供标准化的输出，典型案例就是收银台。线下设备接入，支付往往离不开收单设备，线下设备形态众多，包括传统 POS、智能 POS、收银机等，一般报文规范也比较特殊，如 8583 报文规范。通过 POS 服务集成，一方面支持线下报文规范，另一方面通过虚拟化和脚本化技术，屏蔽不同设备间的差异，支持同一应用跨设备跨平台运行。应用服务层主要处理支付业务逻辑，是整个支付中台的核心，包括联机服务、活动中心、商户管理、商户运营和增值服务等。联机服务，是应用服务的核心，主要用于处理支付交易的联机逻辑，包括交易权限检查、通道路由选择、交易账务处理等。活动中心，主要用于支持客户侧和商户侧的各类优惠活动，包括交易满减、红包、优惠券、补贴、手续费减免 / 返还等多种形式。商户管理，主要用于内部业务统一管理，为业务提供商户建档、审核、授权等功能，实现商户新增入驻、支付通道开通、交易协议管理、清算参数设置等方面的业务管理。商户运营，主要用于外部商户统一服务，为商户提供账单查询下载、清算资金提现、账务差错处理等功能。增值服务，为商户提供经营分析、营销支持等数据分析服务，以及理财、融资等金融产品服务。支撑服务层主要提供批量处理服务，包括统一对账、资金清算、统计报表等。统一对账，获取不同支付通道的账单数据，进行入库汇总，通过明细、账户多级的总分对账，完成本地账务的核对处理。资金清算，在对账服务的基础上，根据商户清算模式参数生成清分指令，再结合商户结算账户类型和入账时效要求，选择相应的通道完成商户资金清算入账。统计报表，提供周期报表、交易明细、交易分析、风险评价等多维度的查询数据，为上层管理应用、运营应用提供基础数据服务。基础服务层主要封装并提供一些公共基础服务，包括接口服务、消息中心等。接口服务，统一封装行内的主机接口、综合前置接口，行外的银联接口、网联接口以及合作方接口；对不同支付通道，在通信协议、报文规范、加解密等方面的差异性进行屏蔽。消息中心，封装短信接口和邮件接口，打通各家运营商，统一实现消息通知、信息发布，包括交易过程中短信验证码身份认证、交易成功通知等。

三、场景应用

有了支付中台，以"支付 +"构建场景金融，在零售、批发、餐饮、旅游、医疗、政务等多个行业落地应用，赋能 GBC 场景共建。专业市场是其中一个典型应用案例。专业市场经营性资金流巨大，是资金聚集区，一直以来是同业激烈争夺的目标客群。以浙江地区为例，全省就有 4 000 多家专业市场，年交易额高达 2 万亿元，其中有义乌小商品城、湖州织里童装市场、桐乡濮院羊毛衫市场、永康科技五金城、嘉兴海宁皮革城、绍兴中国轻纺城等多个知名批发市场。首先，以支付作为切入点，为市场商户提供线上线下一体化的支付产品，支持全渠道的支付方式、灵活的资金清算服务、多维度的数据账单、收款语音播报等，以优质的产品实现获客。其次，针对行业交易金额大手续费高的特点，利用优惠活动，根据商户综合贡献评价，对商户交易进行动态计价，分层次减免，以差异化的服务实现活客，提升商户交易活跃度，进一步提升中间业务收入。再次，结合市场淡季资金盈余、旺季资金紧缺的经营特点，以支付数据流作为经营指标，可以快速掌握客户需求，更实时、更精准地营销存款、贷款、理财等金融产品，解决客户痛点，实现共赢。最后，辅以智慧停车、智慧缴费、积分活动等综合服务，形成一整套金融生态圈。专业市场，以支付收单业务为抓手，利用支付中台，提供"支付+投融资"的场景解决方案，带动存款、贷款、理财、融资等多项业务协同发展，实现获客、揽存、创收、提质的业务成效，是金融科技赋能银行数字化转型的一个典型成功案例。

第五节　支付中台未来展望

支付，是所有金融场景的入口。支付中台的建设，有助于银行构建场景金融，打造金融生态圈，加快数字化转型。随着支付价值的凸显，银行开始重视支付业务，大量科技公司跨界涌入支付领域，支付行业出现了一些新的变化。一是监管趋严。由于近些年支付产品的快速迭代，市场标准和规范没有跟上产业发展的速度，行业出现了一些乱象，如二清风险、敏感信息留存、价格战等。监管层也开始意识到问题的严重性，自2017年起，中国人民银行颁布了多项条例，以规范支付市场，市场逐步有序化，支付中台的路线也逐渐清晰化。二是多元服务。从支付产品到支付应用，多元服务能力将取代单一支付能力，成为核心竞争力。建设有支付中台，才能以支付为入口，发挥"支付+"协同赋能作用，实现场景垂直化、服务精细化和业务多元化，助力银行和实体经济数字化转型。三是永葆创新。无感支付、刷脸付等新兴支付产品正在全面推广，数字人民币又向我们走来。支付处在一个快速变革的领域，一直走在创新的路上，每一次支付创新，都会开启一条新的赛道，支付中台可以让我们在未来更好地应对挑战、把握机遇。

参考文献

[1] 中华人民共和国国家发展和改革委员会官网，http://www.ndrc.gov.cn/

[2] 国家统计局官网，http://www.stats.gov.cn/

[3] 中国人民银行官网，www.pbc.gov.cn/

[4] 中国金融新闻网，http://www.financialnews.com.cn/

[5] 中国银联股份有限公司官网，http://cn.unionpay.com/

[6] 中国人民银行杭州中心支行关于开展浙江省金融科技应用试点项目验收工作的通知，杭银便函〔2021〕153 号

[7] 中国人民银行杭州中心支行科技处关于转发《金融科技应用风险提示（2021 年第 1 期）》的通知，杭银科技〔2021〕6 号

[8] 中国人民银行杭州中心支行办公室转发《中国人民银行办公厅关于提升老年人支付服务便利化程度的意见》的通知，杭银办〔2021〕9 号

后　记

　　2020 年，可谓中国历史长河中乃至世界发展史上极不平凡的一年。一年来，新冠疫情席卷全球，给人类带来了极大伤害，也给本来就低迷的世界经济带来了断崖式冲击；一年来，中国政府和中国人民同心同德，齐心协力，共同抗击新冠病毒；一年来，社会各界同舟共济、互帮互助，奉献智慧，创造条件复工复产；一年来，银行卡产业和移动支付率先出击，主动作为，创新产品，积极投身到复工复产和恢复经济的战斗中。

　　一年来，我们不负韶华，不仅在逆境中赢得发展，而且还取得了骄人的业绩。2020 年全年国内生产总值或突破 100 万亿元，成为全球唯一实现正增长的主要经济体。2020 年浙江省（不含宁波，下同）清算交易笔数 8.06 亿笔、金额 3.53 万亿元，位列全国第 8 和第 6 名。2020 年，全省移动支付交易笔数 2.77 亿笔，较上年同期上升 6%，位列全国第 3。线上无卡消费业务交易笔数 1.61 亿笔，较上年同期上升 10%，位列全国第 6。移动活卡月均 296.6 万张，同比下降 2%，位列全国第 3。移动活跃商户数 6.61 万户，同比增长 0.3%，位列全国第 3。

　　回顾 2020 年浙江省银行卡产业的发展态势，在新冠疫情的严重影响下仍然取得良好的业绩。全省移动支付便民工程持续发力，有效支持浙江省数字经济"一号工程"的实施；全省各地各领域移动支付应用场景建设取得长足的发展；云闪付 App 的拓展成效显著，用户明显提升；线上支付应用稳步提升，极大提升用户体验；移动支付、云闪付、线上支付等推广应用深入全省各个地市和乡村；创新能力和服务能力显著提升，品牌优势进一步显现，支付便捷有效推动经济发展。

　　新的一年，我们对原来的产业报告做了一定的改版，并定名为《浙江省银行卡产业发展研究（2021）》。改版后的《浙江省银行卡产业发展研究（2021）》旨在整合产业实践和产业理论研究力量，进一步提升书稿质量，更好地服务于浙江省银行卡产业的发展；旨在通过实务分析，总结发展经验，检查发展痛点和难点，谋划未来发展思路；旨在站在更高的视角更广的视野来诊断银行卡产业发展中的共性问题、普遍性问题，通过研究提供决策参考，整合智慧，整合力量，共同探索浙江银行卡产业发展的美好蓝图。

《浙江省银行卡产业发展研究（2021）》由环境篇、实务篇、展望篇组成。环境篇全面梳理和总结了 2020 年国家宏观经济运行、浙江省经济金融发展态势，以及浙江省移动支付工程的发展全貌；实务篇全面梳理和总结了浙江省 2020 年银行卡产业发展的现状和创新特点，尤其是移动支付市场的发展新变化和新格局；展望篇是针对当前银行卡产业发展大环境下面临的具体问题展开研究，并提出了相应的研究对策，希望对产业各方有一定的参考价值。

由于时间仓促，加之我们水平有限，书中一定存在不足之处，甚至是错误之处，望读者批评斧正，也可联系我们，我们当以感谢为盼。

中国银联浙江分公司

2021 年 7 月